作者简介

吴吉祥： 中国当代语文教学专业委员会教研中心教研员，兰州爱德英语学校、严权英语学校顾问，从事教育、教学及研究工作三十余年，发表学术论文数十篇。

冯国荣： 中学特级教师，历任《甘肃教育》杂志主编、《甘肃职业与成人教育》总编辑，兼任中国教育新闻工作者协会理事、甘肃省版协期刊研究会副会长、甘肃省教育学会小学语文专业研究会副理事长，发表论文百余篇，专著一部，主编出版教育教学丛书及教材二十余部。

其他相关人员：

专业审核： 李秉德　张尔进　李文山
　　　　　吴庆龙　杨建国　田　玉
策 划 人： 王德宏　岳玉生　严　权　马兆平　张　钧
　　　　　李敏智　白　伟　岳建生　侯金强　冯宜瑛
　　　　　马建宏　杨作贵　申延兵
文中配图： 王　翀　门　珊　杨雪兰　陈士全

生成作文原理

SHENGCHENG ZUOWEN YUANLI

状物绘景

吴吉祥　冯国荣　著

图书在版编目（CIP）数据

生成作文原理：状物绘景/吴吉祥，冯国荣著. —北京：北京大学出版社，2013.1
ISBN 978-7-301-21715-3

Ⅰ. ①生… Ⅱ. ①吴…②冯… Ⅲ. ①作文课—中小学—教学参考资料 Ⅳ. ①G633.343

中国版本图书馆 CIP 数据核字（2012）第 295226 号

书　　　　名	：生成作文原理：状物绘景
著作责任者	：吴吉祥　冯国荣　著
责 任 编 辑	：宋立文
标 准 书 号	：ISBN 978-7-301-21715-3/H·3189
出 版 发 行	：北京大学出版社
地　　　　址	：北京市海淀区成府路 205 号　100871
网　　　　址	：http://www.pup.cn　　新浪官方微博：@北京大学出版社
电 子 信 箱	：zpup@pup.pku.edu.cn
电　　　　话	：邮购部 62752015　发行部 62750672　编辑部 62754144　出版部 62754962
印 　刷 　者	：北京鑫海金澳胶印有限公司
经 　销 　者	：新华书店
	787 毫米×1092 毫米　16 开本　13.75 印张　220 千字
	2013 年 1 月第 1 版　2013 年 10 月第 2 次印刷
定　　　　价	：28.00 元

未经许可，不得以任何方式复制或抄袭本书之部分或全部内容。
版权所有，侵权必究
举报电话：010-62752024　电子信箱：fd@pup.pku.edu.cn

序

应中国当代语文教学专业委员会教研中心教研员、兰州爱德英语学校及严权英语学校顾问吴吉祥和原《甘肃教育》主编、现《甘肃职业与成人教育》总编辑冯国荣两位老师之邀,为他们的著作《生成作文原理》作序。我虽是个老教育工作者,但主要是从事教育行政管理工作,对作文教学涉及不多,研究也不深,一时不知从何落笔。经与两位著作人一番恳谈,又翻阅了一遍该作手稿,不觉心有灵犀,更感写这个序很有意义,遂决定以著作人所谈和书之要略撮举分述,以之为"序"。

● **教材是育人的根本**

学校的根本任务是培养人才,而科学、合理的教材则是实现人才培养目标的重要载体。这是因为,学校关于人才培养的一切措施最终都要落实在每一门课程的具体教材上,并通过高水平的教学工作来实现。所以教材才是教育教学的核心与灵魂,是实现人才培养目标和保证人才培养质量的最根本要素。从这个角度来看,不妨可以说,我国先后进行的八次课程改革,尤其是从2001年开始的国家基础教育课程改革,无一不是基于这一理念的。上述推理倘若合理,那么作文教学长期效率低下就不难理解了。

● **作文教学举步维艰**

众所周知,作文在语文教学中历来处于核心地位,作文水平几乎成为人们衡量一个学生语文能力的唯一标准。然而长期以来,作文教学始终没有真正建立起一个独立而系统的教材体系,只是作为语文学科的附庸,依附于语文教学的单元练习之中,任由语文教师根据自己的教学需要随意安排,或依据单元练习及课后练习题的要求进行零敲碎打的写作活动。由于没有独立的作文教学时间,没有完整的作文教学体系和系统的写作教材,更没有提供明确具体的操作方法,教师自己也不得要领,只好以范文为例,引导学生走一条"从仿到作"的茫然长路,让学生自己去从范文中苦苦琢磨作家的写作手法,结果造成了作文课耗时多、效率低,甚至进退维谷的困境。

● **作文教改势在必行**

基于这种情况，在课改的新形势下，如何用课改的理念去指导作文教学，如何在作文教学中体现学生在过程中学习、过程中发展，如何让作文教学真正起到开启学生思维，提高学生语言表达能力，培养学生的写作兴趣，使学生热爱写作，应是值得每一个语文教师和语文工作者重视和研究的重要课题。

● **生成作文出于实践**

吴、冯两位老师早在30年前读大学时就已对如何改变"作文难"的问题着手研究了。只不过当时他们还没有"课题"意识，自然也还谈不到"专题研究"了，仅就如何才能把文章写得更好些而进行了一些遣词造句以至扩句的探讨和尝试。斗转星移、时光流逝，他们逐渐从中悟出一些门道，也发现了些规律性的东西，经总结、整理，逐步上升到了理论层面。继之由句到段、到文，由写作到阅读，层次逐步提高，研究也逐渐深入，直至正论终成。由于他们的这项研究事先并无预设，成果都是在研究过程中逐步发现、萌生的，又因其涉及语言生成的各方面，所以他们将其研究成果命名为"生成作文"。

● **是金子终会发光**

1986年，吴、冯两位老师将他们的初步研究成果拿到西北师大，向我国著名教育家、课程论专家、西北师大教授、博士生导师李秉德先生请教，得到李先生的首肯："你们的研究很有独创性，我非常推崇赞成。"并在此后的一封信中写道："建议开辟园地，以实验结果示人，并在力所能及的范围内尽力扩大影响。"李秉德先生的赞赏和鼓励，使这两位教育界的后起之秀深受鼓舞，遂循先生指示，一方面开辟实验基地，理论结合实践进行深入探讨，先后在榆中、皋兰和兰州爱德英语学校办起了生成作文实验班，进行了一系列由浅入深、由低到高、由简到繁的系统实验；另一方面则开始广泛交流，先后在陕西、山东、四川、宁夏、青海和甘肃的十四个地州市的教研机构与数千所学校中以讲座形式进行了交流传播。这样双管齐下，收到了出人意料的效果：实验班的学生不但学会了作文、自能作文，而且情绪高涨、思路开阔、成文快捷，文章内容也大都具体生动，丰富多彩。更令人欣喜的是，生成作文的核心原理不仅适用于写作，亦适用于阅读分析，且能使两者互为表里、相得益彰；而交流讲座则引起各地强烈反响，为不少学者所瞩目。陕西省特级教师刘德惠先生认为："生成作文把少儿心理发展与作文过程融为一体，使教学过程简洁明晰，易教易学，效果显著，不但适用于中小学语文课的作文教学，也适用于其他学科的学习。"全国劳模、陕西省人大代表、陕西省特级教师、汉中师范附小校长张玉对生成作文的评价是："融多种学科为一体，准确系统地将阅读与作文有机结合，并赋予较强的操作性。如果我们的老师按此训练学生，必将使学生在观察认识、接受消化和表述见解诸方面养成自觉意识，达到相当高度。"陕西西乡县三中的全体语文教师还特意写信建议说："我们迫切希望有系统教材问世，为我国作文教学大业奠定新的里程碑！"四川省特级教师、万源市中心学校校长李显蜀也寄来一封热情洋溢的信件说："生成作文深深吸引着我们，神奇地拨动着每一个人的心弦，是那样叫人陶醉，那样令人神往。作文教学改革的金光大道终于展现在我们面前，作文教学的哥德巴赫猜想也终于有了答案。我们愿成为这一教学方法的忠实信徒。"甘肃省合水县教育局干脆将生成作文誉为"新的教育生产力"，并写信给甘肃省教科所推荐此项科研成果。2000年这项研究成果经甘肃省教委组织的专家组鉴定通过，被列为"九五"教育科研成果。专家组鉴定意见摘要如下："选题富有时代感、针对性和前瞻性。研究的逻辑思维清楚，主攻方向明确"；"研究着眼于改革，着眼于教学观念和手段的转变，着眼于可持续发展和质量效益"；"所构建的原理、定理和范式有序，实施过程简洁明晰、环环相扣，步步深入"；"既有理论的高度，又立足于教学实践，是理论和实践相结合的产物"；"将教学目标、内容与方式统一起来，既便于操作，又便于控制，易教易学"；"研究有较高的创新价值和一定的学术价值，对基础作文的教学实践和未来发展有一定的导向和推动作用，是甘肃省内乃至全国作文教改方面有新意的成果之一，某些方面填补了作文教学的空白，开创了作文教学的新领域。"

● **成果问世**

实验结果、讲座反响、专家首肯以及被列为"九五"教育科研成果的种种事实都在一定程度上表明了这项研究是颇有意义的。两位研究者也由此萌发了著书立说的想法，于是《生成作文原理》这本厚重的著作便由此诞生了。

● **创新之作值得推崇**

综览全书，我不禁产生一种耳目一新之感。作为一个老教育工作者，由于工作需要，我也曾浏览过社会上流行的一些作文指导书，但这些书大都是按传统写作方法去进行写作理论阐释的。这种阐释固然需要，但作文作为一种语言艺术技巧的实践活动，只有理论的阐释，往往使人难以具体操作运用。而《生成作文原理》除了"释义"外，还有"示例"和结合"释义"、"示例"的剖析以及可具体操作的范式，便于操作，易于控制，既突破了传统作文方法的樊篱，自成系统，又能将数学公式巧妙结合其中，便于记忆，便于运用；加之文中示例均有配图，不仅图文并茂，而且图文互映，学生一目了然，如临其境，自然会文思喷涌。更为可喜的是该书吸收了系统论、信息论、教学论以及教育学、心理学等多种理论与学科既有成果，在集大成的基础上，又经过广泛的交流和长期的实践，从而更准确地把握住了作文教学的关键和本质问题，从理论与实践结合上做出了回答，完成了一个既能经得起实践检验，又具有创造性和学术价值的教研成果。

● **有志者事竟成**

更难能可贵的是两位作者锲而不舍、坚韧不拔的精神。他们的这一研究走过了四分之一世纪的里程，这既是一个转变教育思想、更新教育观念的艰难历程，也是一段艰辛探索，不断有所发现、有所创新的前进历程。他们在毫无经验可以借鉴、毫无模式可以遵循的情况下，仅凭着对教育工作的一腔炽热深情苦苦探索了长达30年之久。如今吴、冯二人均已年过花甲，尚老骥伏枥，确实难能可贵。好在皇天不负苦心人，一分耕耘，一分收获，春华秋实，可喜可贺！

总之，这是一本勇于创新和开拓之作，作者对作文教学的探索达到了一定的高度。该成果的问世，将会对作文教学理论的发展和作文教学改革的推进发挥重要作用，对教学论学科建设和当前基础教育的课程改革也具有一定的参考价值和实践意义，值得教育、教研工作者重视；而该书较强的针对性、实用性和可操作性，又适于学生使用、老师参考和家长辅导，可望赢得更多的读者。当然，作为一本创新之作，难免会有值得深化和商榷之处，尤其是其中的命名是否完全合理都需要进一步推敲，所以希望作者能更广泛地倾听读者的意见，加以修改，使其更加完善，以期能打破"作文难"的困境，为开创作文教学的新局面作出积极贡献。

2011年7月于兰州

王松山：兰州市人，曾任西北师大、兰州大学党委书记，甘肃省教育委员会主任，从事教育工作四十余年。

导 言

　　大千世界，五光十色，包罗万象；社会生活，千姿百态，丰富多彩。对此，人们总要通过自己的观察与研究逐一认识，并把认识结果诉诸语言文字，以供人阅读欣赏或参考。如果上述一系列活动就是作文过程的话，那么，其中的"观察"、"研究"及对语言文字的"诉诸"之关键性环节究竟该如何运作，却至今没有哪一本教科书对此作出具有科学结构形态的回答。这就使得历来的作文教学，尤其是基础教育阶段的作文教学，总是夹在一种"有文而无作"或者"有作而无法"的困惑中。正是为了填补这一历史性的空白，使作文教学也"有法可依"，以实现该教学从学科本位向人本位的转变，我们从语言生成的角度对作家们经典之"作"的过程进行了长期的探索研究，终见真谛而著成《生成作文原理》。该书包括《状物绘景》、《写人叙事》、《感想立意》三部分，但居教程之起始地位的则是本书《状物绘景》。

　　《状物绘景》，出自对物体描写之过程的研究。无论是从语言生成的源头看，还是从物体描写的效应看，人对物体的描写过程原本就是一个信息变换的过程。该过程横跨三个不同质的领域：一是自然物质领域，用"X"表示；二是人脑认识与思维领域，用"Y"表示；三是语言符号领域，用"Z"表示。所谓物体描写的信息变换，正是一个信息从"X"到"Y"再到"Z"的变换过程，其间经历了"信息输入"、"信息变换"、"信息输出"三个阶段，但人脑的认识思维则是该变换的核心机制和关键环节，即如下图所示：

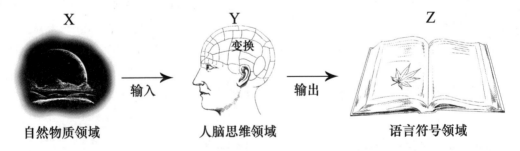

　　我们之所以将上述过程中的人脑思维活动称之为"变换"，是因为经历该过程之后，"Z"中物体信息内容与"X"中的物体信息内容并没有本质上的改变，改变了的主要是其间的载体，即把"X"中的物质载体改变为"Z"中的语言符号载体。这就是说，经历了物体信息变换之后，"X"

与"Y"及"Z"之间仍存在着信息内容上的"同构"。据此，只要我们把物体信息在"X"与"Z"之间载体结构上的差异性作为已知条件，就不难推断破解出人脑在"Y"领域内所实施的变换方式及过程，就如同数学中的解方程那样。如此的研究结果表明，这样的变换其实是通过三个连续的思维环节实现的，那就是观察分解、选择认定及组合排列。观察分解，就是在观察确认物体的基础上，将其形象的信息整体区分为诸多不同意义的信息小要素；选择认定，就是按照既定的价值标准，对诸多信息要素加以选择，并作语言认定；组合排列，就是将选择认定的诸多信息要素组合为整体，且排列成序，以满足表达的需要。然而，这样的研究结果仅能为我们提供一般性的方法思路，并不能直接控制具体的描写过程。这是因为，具体的描写对象分布在作文之"作"的各个层次上，而针对每一层具体对象实施信息变换的区分选择又是多重性的。据此，我们不但对物体描写的对象作了多层次的划分确认，也从语言生成的角度对每一层次上的信息变换过程中分解、选择的多重性进行了具体而系统的研究。如此，经过长期努力，终使之显山露水，逐渐明确，以至达到结构化、程序化，一部"状物绘景"作文法便由此诞生。

在本书中，处于基础地位的是选态状物造句法。该法所针对的描写对象是一个个独立物体，描写的内容则是物体的状态。由于这样的状态具有多重性，就导致了该造句法中的分解与选择必然也是多重性的，可借助下图直观表述：

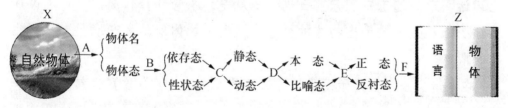

上图表明的信息变换程序其实是经过历史的长期进化而逐步生成的，但浓缩于现代人的大脑之后就是一个选态状物的造句法程序。其思考运作的总体过程是：A.将观察所得的物体之意（形象），区分设定为"物体名"（即是"什么"）和"物体态"（即"状况"），并认定物体之名称，且用"物体名ぁ物体态"范式组合排列（"∽"表示范式中"物体名"和"物体态"的位置可以前后互换）。例如，描写［🌙］，其组合排列范式就是"月亮＋态"。B.再将物体态区分设定为"依存态"(依存方式)和"性状态"(包括形态、色态、声态、味态和触态等五种性状特征),按定理(价值标准)作灵活选择认定,并确定组合排列范式。例如:如果选择认定了"月亮"的形态性状态为"弯弯",其组合排列范式就为"月亮＋弯弯";如果选择认定了"月亮"的形态性状态"弯弯"和依存态"挂在天边",其组合排列范式就为"月亮＋(弯弯＋挂在天边)"。C.将上述选择确认之诸态分别区分为"静态"和"动态",按定理作灵活选择并认定。例如,如果选择认定了"月亮"之性状态的静态,也选择认定了"月亮"依存态的动态(运动状态),所展示的组合排列结果便是"月亮＋(弯弯的＋从西边天空落下去)"。D.由于前述选择确认之态都是观察所得,可看作"本态"(物体本身的态)。从本态意义出发,展开联想,运用比喻等手法,可获"比喻态"(即借用与本事物相同、相似的其他事物及态)。例如,从"弯弯"出发可获其比喻态"像小船"。对此,亦可按定理作灵活选择认定。对于"月亮"的性状态,若本态与比喻态共选,其组合排列结果就呈现为"月亮＋(弯弯的＋像小船)"。E.由于前述选择认主之态都是观察所得,也可视为"正态"(物体确有的态)。从正态意义出发,展开反面联想可获"反衬态"(即实际并不存在的物及态)。例如,从"弯弯的"出发可获反衬态"失去了大半边"。对此,同样可按定理作灵活选择并认定。例如,若将"月亮"之性状态的正态和反衬态一齐选择认定,其排列结果便是"月亮＋(弯弯的＋失去了大半边)"。F.将最终变换的结果作语言表达,或用口语,或诉诸文字。这里需要说明的是,贯穿于上述诸环节的选态定理只有三则,那就是:不管选择什么态,也不论选多选少,都必须展示出物体的个性,反映出物体所处的环境,表达出作者的情志。

在该造文法中,处于发展地位的又是"选物绘景"造段谋篇之法。这样的造段谋篇无疑应该以前述造句法为支撑,并有其独立结构体系。这是因为,造句法是就一个个独立物体的状态描写而言的,而该造段谋篇法则是就一系列众多不同物体的共同描写而言的。因此,单就后者,所呈现的是多样化、多层面的结构;而这种结构所依赖的则是不同物体间的关系。反过来说,关系不同,结构相异,所创造的文段篇章就各有千秋。单就物体间的关系而言,最基本的只有两种:一种是不同静态物体之间的互相依存关系，可据此把众多不同物体结构为静态链的描写文段，例如："山脚下有一堵石崖，石崖上有一道石缝，寒号鸟就住在石缝里。"另一种是不同动态物体之间的彼此使动关系，据此关系可把众多不同物体结构为动态链的描写文段，例如："一阵秋风吹来，树上落下几片黄叶。有的落在岸边的草地上，蚂蚁爬上去来回跑着，把它当作运动场；有的落到水面上，小鱼游过来，钻在下面，把它当作雨伞。"除此之外，众多不同物体的描写也可以通过其所呈现景观的方式组合成段或篇，即：若干不同物体可构成单面景，两个相对称的单面景可构成双面景，按双面景结构方式可将众多单面景组成多面景。如果这些单面景、双面景及多面景再发生变化，则又构成了更为复杂的变化景。其实，如上所述的"关系"及结构都可以用数学方法描绘，也能用范式表达，且自成体系，因而能把人的思考运作控制在高效的轨道上，而具有"方法"的意义。

综上所述，一部"状物绘景"作文法并非由人的主观所臆造，而是来自于对作家经典物体描写之过程的研究，既反映了语言生成的原理，也揭示了作文之"作"的真谛。尤其是在构建过程中，由于我们采用了多学科交叉的手段，使其结构品质及功能效应得到了全方位优化，对此，可作出以下说明，以达到与读者全面沟通的目的。

1. 把理论认识与实际操作融为一体，是该作文法最基本的特征。实际的有效操作离不开科学方法的指导与控制，而理论问题说到底就是方法问题。就是说，在理论认识和实际操作之间，直接起着纽带作用的是方法，而这样的方法也包括我们的"状物绘景"作文法。一方面，从探索研究到该作文法的构建，我们一刻也没有脱离理论的思考，包括哲学认识论与语言发生理论。也正是受这些理论的启示和指导，我们才有可能从自然物体之意中区分出"物体名"和"物体态"。其中，"物体名"是把物体作为认识对象而产生的概念；而"物体态"则是对对象特征的集中概括。另一方面，也正是区分了"物体名"和"物体态"，我们也才有可能创造出"物体名ぁ物体态"的范式，并以此为根本创造出反映语言生成的整个范式体系，从而把人对物体描写的思考操作提升到前所未有的高效程度，就连小学生也能一目了然，运用自如。这就足以说明，"状物绘景"作文法，既是一种反映语言生成的理论认识方法，更是一种简便有效的思考运作方法。

2. 把思考运作的确定性与灵活性融为一体，是该作文法的另一重要特征。以前述造句法为例，其所设定的信息分解方法、选择定理及运作程序是确定的，因而有利于对人之思维活动的控制与规范，以提高大脑的工作效率。但对状物之态的选择方式是灵活多变的，可因物体不同而不同，环境变化而变化，尤其以作者个性的差异而有别。正是此确定性与灵活性的统一，使得在作家（包括学生）创作的物体描写文句中，没有哪一句的状物之态及样式能超越该造句法设定的意义范围，也没有哪两个所造文句是完全相同的。造句法如此，造段谋篇法亦然。

3. 既可控制写作，也能控制阅读，是该作文法的重要双重功能。按照程序思考运作，对物体信息进行有效分解、选择与组合排列，是该作文法的基本功能。但是，该作文法也可以直接用以控制对作家所造物体描写之文的阅读。这是因为，作家所造之文也是按此法中的范式、定理及程序运作的，其中必然凝结了作文法的结构特征及运作过程，只是以往未能破解。如今，当我们拥有了这样的作文法之后，便可在阅读时就文中所隐含的范式、定理作出识别和区分。如此所获得的就不再仅仅是有关物体的信息，还有作家们创造该文的运作方法及过程，从而可有效地吸取作者的直接经验，了解作者的人格特质，以充实完善自己。

4. 把作文与培养人的工作统一起来，是该作文法的核心双重功能。运用该作文法提高造文的质量与速率，其实是通过一系列控制实现的，那就是：运用范式控制人的思维活动，可提升人对物体信息分解与组合排列的速率与质量；运用程序控制人的运作，可确保人之思考运作的连续性和有效性，从而快捷地创造出高质量的文句或文段来。当然，这样的控制仅仅是初步的，如果持续实践，则必然会转化为人的心理结构。此心理结构一旦生成，包括初学者在内的任何人，（像皮亚杰所说的那样）就会按照自己的"心理图式"去"同化"和"顺应"外部世界，积极主动且随时随地摄取大量有价值的信息，以催生写作的强烈欲望、热情和意志。

5. 把基础训练和能力的发展统一起来，是该作文法的又一重要特征。我们之所以把"状物绘景"作文法位列于作文教学的起始教程，不仅是因为物体的含义具有极大的包容性和物体描写是人类作文的起源，也还源于它在现代作文中的基础地位。其实,"基础"二字的意义就蕴含着认识上的起步性、知识与方法的基本性及对未来发展的广泛适用性。就其中的造句法而言,所设定的那些选态状物方法,不仅适用于对物体的描写,也适用于对人体的描写,尤其适用于对社会抽象事物性质的描述。

　　至此,如果要说上述作文法还有什么优点的话,那就是它更像一座畅通无阻的桥梁。凭借这座桥梁,任何人都可以自由地来往于"X"与"Z"两个领域之间,由此也使我们看到了作文教学终会从必然王国走向自由王国的新曙光。

作　者

目录

第1章 物体依存态描写 1
  第一节 依存态结构范式 3
  第二节 依存态范式活用 8
  第三节 物体依存态链 17

第2章 物体性状态描写 27
  第一节 物体性状五态 29
  第二节 依存态内注入性状 37
  第三节 依存态与性状态并列 47
  第四节 依存态链的性状层次 56

第3章 静态与动态描写 65
  第一节 物体的静态与动态 67
  第二节 静态链与动态链 77
  第三节 画面与过程相融合 93

第4章 状物比喻态与反衬态 103
  第一节 从本态到比喻态 105
  第二节 从正态到反衬态 118
  第三节 实写与虚写相融合 131

第5章 选态状物与取面绘景 145
  第一节 选态状物造句法 147
  第二节 从单面景到双面景 159
  第三节 从双面景到多面景 175
  第四节 从稳定景到变化景 191

第1章

物体依存态描写

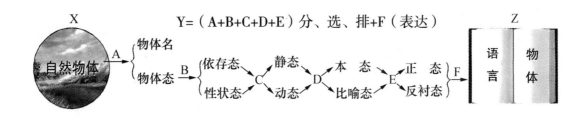

小知识

"依存态"概念的引入

什么是依存态？凡物体都存在，这样的存在有具体方式，这种方式呈现为依存状态，我们便称它为"依存态"。

依存态之描写

对物体之依存态，人不仅能确认，也能用语言描写。这样的描写有两层：一层是对一个个不同的物体之依存态分别作出各自的独立描写；另一层是对众多不同而又彼此关联的物体的依存态作出共同描写。其中，独立描写是依据物体依存态自身的结构实施的，由此生成的语言仅仅是一个句子，叫物体依存态描写句。而共同描写不仅要依据各个物体依存态自身的结构特点分别实施，还要依据众多不同物体之间互相依存与彼此关联的方式进行，由此构成"依存态链"，描写所生成的语言则是由众多不同依存态句共同组成的文段。

第一节　依存态结构范式

在自然界的每一处，都能发现诸多不同的物体存在，每一物体都呈现出其特定的依存态，即如右图所示。不管其中的哪一个物体之依存态，都是通过三项基本内容共同展现的，那就是：主体、依体及关联式。

所谓主体，就是被人（我们）选择确定并作为认识描写对象的物体。例如在右图中，物体之［☾］、［🐟］、［🌳］、［🛶］都可以被确定为主体，它们的名称依次是：月儿、鱼儿、杨柳、小舟。

所谓依体，就是主体所依托的其他物体。例如在上图中，［☾］的依体是［✦］，名称叫"天空"；［🐟］的依体是［≈］，名称叫"水"；［🌳］的依体是［⌒］，名称叫"河岸"；［🛶］的依体是［≈］，名称叫"河面"。

所谓关联式，就是主体与依体之间的关联方式，即物体存在的方式。例如在上面图中，［☾］与［✦］的关联式是［☽］，认定为"挂"；［🐟］与［≈］的关联式是［🐟］，认定为"游"；［🌳］与［⌒］的关联式是［🌿］，认定为"长着"；［🛶］与［≈］的关联式是［🛶］，认定为"漂着"。

显然，一定的主体必然有一定的依体，一定的主体与依体之间也必然有一定的关联式；不同的主体各有不同的依体，主体及依体不同，其关联式必各自相异。因此，通过对大自然的观察，不仅可以发现确定的主体及其依体，而且还能确定它们之间的关联式，其运作的方法程序是：

（1）观察自然物体，从中选定一个，作为主体。

（2）根据主体再选定另一个物体，作为主体的依体。

（3）根据主体和依体的特征确定其关联式，使所确定的关联式又能反映出主体和依体的个性特征。

例如在前面图中，当主体与依体确定之后，根据［☽］与［✦］的特点可确认的关联式为"挂"，而只有这个"挂"才能反映出［☽］的特征；根据［🐟］与［〰］的特点可确认的关联式为"游"，正是这个"游"才能反映出［🐟］的特征；根据［🌿］与［〰］的特征选取确认的关联式是"长着"，"长着"所反映出的正是［🌿］的特征；根据［🛶］与［〰］的特征选取确认的关联式为"漂着"，"漂着"所反映出的便是［🛶］的特征。

那么，除了上述实例之外，我们能否按照上述"方法程序"，通过自己的观察运作，选择确认其他物体依存态中的主体、依体及关联式？这里不妨一试。

物体的依存态是需要用语言描写的。但这样的描写只能在上述区分确认的基础上实施，那就是将所确认的主体、依体及关联式分别作出相应的语言认定。例如：对于［☽］这样的主体，我们的祖先早就将其名称认定为"月亮"；对于［✦］这样的依体，我们的祖先也早就将其名称认定为"天空"；对于［☽］与［✦］的关联式，我们的祖先同样早就将其认定为"挂"。其实，不管什么物体的依存态，其主体与依体的名称认定是比较容易的，困难的是对关联式的认定，除了用"是"、"有"、"在"之外，大多数都需要个性化的动词，即如前面所用的"挂"、"游"、"长"、"漂"等。但是，只要抓住了主体与依体的个性，我们就一定能作出对关联式的准确认定。

物体之依存态是一个整体。因此，若要用语言描写它，还必须把认定的主体、依体及关联式组合排列，作统一表达，使之呈现为一个句子。物体依存态千差万别，但可供选择的组合排列范式只有四种，即："主体+（依体+关联式）"、"主体+（关联式+依体）"、"（依体+关联式）+主体"、"（关联式+依体）+主体"。组合排列的顺序各不相同，但各有各的特征与用途，关键在于选择，选择的依据还是物体依存态自身的特点。例如，对前面已经区分确认的不同物体依存态之主体、依体及关联式，可用上述四种范式组合排列，表达而成的句子分别如下：

主体+（依体+关联式）：鱼儿+（水中+游着）
　　　　　　　　　　=鱼儿在水中游着。

主体+（关联式+依体）：月儿+（挂在+天空中）
　　　　　　　　　　=月儿挂在天空中。

（依体+关联式）+主体：（湖面上+漂来）+一叶小舟
　　　　　　　　　　=湖面上漂来一叶小舟。

（关联式+依体）+主体：（长在+岸边）+一棵杨柳
　　　　　　　　　　=长在岸边的是一棵杨柳。

尽管上述四种范式的排列顺序不同，但其中的要素却都是主体、依体及关联式。据此，我们可以将其合并，通过一个总式表达如下（式中的"∽"是表示三者的前后顺序可以互换）：

$$\text{主体 ∽（依体 ∽ 关联式）}$$

这是关于物体依存态之结构的基本范式。它所表明的，既是自然物体之依存态的结构要素及结构方式，也是我们描写物体依存态之语言文句的结构要素及结构方式，因而具有把自然物体之依存态与描写物体依存态之语言文句直接沟通的功能。因此，当这个范式被我们的大脑理解之后，就可以控制我们的认识与思维，将自然物体之依存态用一个完整的文句迅速表达出来，其运作的程序是：

(1) 借助范式观察自然物体之依存态，先选定其主体、依体及关联式。
(2) 首先对主体、依体的名称分别作出认定。然后根据主体与依体相互依存的状态，选用恰当的介词或动词认定其关联式。
(3) 从总范式中选取恰当的具体排列范式，将认定的主体、依体及关联式组合排列，表达成句。

运用如上的"范式"与"程序"，可对自然界或我们生活中的任何物体之依存态作出有效的语言描写。

演示一

如下图所画,有诸多不同物体共同存在,每一个物体都有它与众不同的依存态。如果我们把箭头(↑)所指的物体分别作为自己的认识对象,那么该如何描写出它们各自的依存态呢?所描写的语言文句又是什么?

借助范式及程序,首先对箭头所指的物体 1 的依存态作出描写,其过程与结果是:

A. 借助范式观察物体 1,先从中区分出主体为 [▨]、依体为 [▨],关联式为 [▨]。

B. 先认定主体名称为"中山桥",依体名称为"黄河",再根据"中山桥"和"黄河"相互依存的特点摄取认定关联式为"横跨"。

C. 从总范式中取"主体 +(关联式 + 依体)"之排列式,将以上认定的主体、依体及关联式组合排列,表达成句如下:

物体 1:中山桥 +(横跨 + 黄河)
　　　 = 中山桥就横跨在黄河上。

运用同样的方法操作,亦可将上图中箭头所指的其他物体之依存态分别描写,所得的语言文句依次如下:

物体 2:黄河的北岸长着一排垂柳。
物体 3:一只快艇从桥下穿过。

物体4：蓝蓝的天空飘着几朵白云。

借助上面的范式及程序，还可对作家所描写成句的物体依存态作出有效的阅读分析，从中透视出作家们观察描写的运作过程及具体组合排列范式。其具体方法是：（1）借助范式阅读描写文句，识别句中已认定的主体、依体及关联式各是什么，并写出组合排列所用范式。（2）按照程序A、B、C想象说明作家创作该文句的思考运作过程。

演示二

已知作家们对某物体之依存态实施描写所得的文句是："山林就倒映在湖水中。"请按照上述（1）、（2）的程序及要求实施阅读透视。

（1）该句之中，主体是"山林"，依体是"湖水"，关联式是"倒映"。所选用的组合排列范式为"主体+（关联式+依体）"。

（2）作家创作该文句的思考运作过程应该是：

A. 作者观察自然时，所摄取的主体是 [　]，依体是 [　]，关联式是 [　]。

B. 认定主体名称为"山林"，依体名称为"湖水"，再根据主体与依体互相依存的方式，认定关联式为"倒映"。

C. 根据主体、依体及关联式的特征，从总范式中选取"主体+（关联式+依体）"之排列式，将认定的主体、依体及关联式组合排列，表达成句。如下：

山林就倒映在湖水中。

上述两个演示说明，尽管我们对物体依存态的描写与阅读是两个互逆的过程，却都能用"范式"和"程序"统一起来而实施有效控制。如此，便直接拉近了初学者与作家们的距离，并使写作与阅读融合，互相促进，达到事半功倍的效果。这一点，也应该体现在我们的习题设计上。

第二节 依存态范式活用

其实，由基本范式"主体ぁ（依体ぁ关联式）"所确定的仅仅是物体依存态之结构的三种要素（主体、依体及关联式）和四种组合排列方式，而不是每一种要素的个体数目。这是因为，无论在自然界，还是在我们的生活中，物体依存态中的主体、依体及关联式之各自的数目有多有少，各不相同，具有多样化的特点，那就是：在有的物体依存态中，其主体、依体及关联式可能各只有一个；但在另外一些物体依存态中，或者一个主体有多个依体，或者多个主体只有一个依体，或者多个主体共有一个关联式，或者一个主体又有多个关联式。

这一点，可通过对右图中物体依存态的具体分析得到证实。例如，如果我们把"桥身"作为一个独立的主体看待，其依体至少也有三个，即"峡谷"、"河面"、"桥墩"。再例如，如果我们把"桥身"作为一个独立依体看待，其所承载的主体至少有"行人"、"车辆"及两边的"栏杆"和"灯柱"等。如此，所能确定的关联式，既可以各为一个，也可以各为多个。这一切只能说明，在自然界或我们的生活中，物体依存态总是呈现为多样化。而造成这种多样化的原因，除物体本身的多样化之外，还在于构成其依存态之主体、依体及关联式之数目搭配的多少不同，从而所表现出的便是诸多不同物体之间纵横交错的互相依存关系。

多样化的物体依存态必须作出多样化的描写。但是，多样化的描写又只能按照基本范式"主体ぁ（依体ぁ关联式）"思考运作。在这种情况下，唯一有效的方法是，按照不同物体依存态的不同特征，对基本范式加以活用。该活用的方法有如下两层：

1 对物体依存态中的主体、依体、关联式之各自的数目作出灵活选择

这样的选择可按照物体依存态的特点及作者的意图而定，由此生成的具体依存态结构之具体描写范式一般可有如下五种：

1.1 "**单主体ぁ（单依体ぁ单关联式）**" 就是对依存态中的主体、依体及关联式只各选一个，这叫单选。这样的选择方法比较普遍，可在大多数情况下实施，就像第一节中的选择那样。例如：

甲图

乙图

甲图：西边的天空出现了一弯新月。

乙图：一只翠鸟就落在枝干上。

1.2 "**多主体ぁ（单依体ぁ单关联式）**" 就是对依存态中的主体选择多个，而对其依体及关联式各只选一个，这叫做单选与多选的搭配。这种选择方法的运用虽不普遍，但如果物体依存态的特征明显，则非选不可。例如：

甲图

乙图

甲图：山坡上长满了松树、柏树、云杉、茅竹。

乙图：秦岭西北部太白山的远峰、松坡，渭河下游平原上的竹林、村庄、市镇，都笼罩在茫茫雨雾中了。

1.3 "**单主体ぁ（多依体ぁ单关联式）**" 就是对依存态中的主体、关联式只各选一个，而依体则选多个（一般两个），这便是另一种单选与多选的搭配。这种选择方法的运用并不普遍。例如：

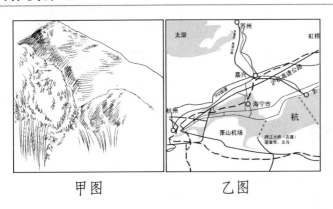

甲图　　　　　　　　乙图

甲图：井冈山五百里的林海里，到处都是茅竹。

乙图：我的家乡嘉兴市，位于沪杭铁路的中段，长江以南的杭嘉沪平原上。

1.4 "单主体 古(单依体 古 多关联式)" 就是对依存态中的主体和依体只各选一个，而对其关联式则选多个（一般两个），这仍然是一种单选与多选的搭配。这种选择方法运用亦不算普遍。例如：

甲图　　　　　　　　乙图

甲图：在汹涌澎湃的马六甲海峡，有一支庞大的海军舰队正在急速地航行。

乙图：几只蚂蚁爬上树叶，来回跑着。

1.5 "单主体 古 多(依体 古 关联式)" 就是对依存态中的主体只选一个，而依体及关联式则都选多个（组）。这同样也是一种单选与多选的搭配。这种选择方法的运用同样不甚普遍。例如：

甲图　　　　　　　　乙图

甲图：在汹涌澎湃的江水中，九个巨大的桥墩巍然屹立，稳稳托住了桥身。

乙图：中山桥就横跨在黄河上，把南北两岸连成一体。

2 对所选择的物体依存态之主体名，可作灵活多样的语言认定

在物体依存态描写过程中，对于所选定的主体，亦可根据物体自身的特征和作者自己的写作意图之不同，作出灵活多样的认定。一般有如下五种方法：

2.1 在一般情况下，只认定主体的一个（种）名称　依存态中的主体虽然含义单纯，但人可以从不同角度去认定其名称。在一般情况下，人只需要从某一种角度对其名称作出认定，叫单纯认定。例如：

甲图　　　　　　　　　　　　　乙图

甲图：从万寿山下来，就是昆明湖。

乙图：一艘巨大的远洋货轮航行在太平洋的海面上。

2.2 有时，可从现实与历史的不同角度对主体名称同时作出双重（或多重）认定　凡主体，一般都有历史与现实之两个或两个以上的名称。如有必要，对这样的两个或多个名称应作出双重或多重认定，以展示其丰富的含义。例如：

甲图　　　　　　　　　　　　　乙图

甲图：民勤县，历史上曾叫镇番县，就位于腾格里沙漠的西北面，属
　　　现今甘肃省武威市管辖。

乙图：我家的后院有一个很大的园，相传叫做百草园。

2.3 有时，按主体的属、种关系，可对其名称作双重认定。 凡主体，既有所在的"属"，也有所在的"种"。如有必要，可分别从"属"和"种"的不同层次对其名称作出双重认定，并借此说明其历史成因或功能作用。例如：

甲图

甲图：一座由苏联专家设计建造的铁路大桥——桑园峡大桥，就坐落在陇海线与包兰线的交汇处，兰州以东不远处的黄河上。

乙图

乙图：在我国华东地区，两万米上空，忽然出现了一个奇怪的飞行物，那就是一架由美国制造的"U-2"型高空侦察机。

2.4 有时，可以"总"与"分"相结合的方法对主体名称作出双重认定 如果一个主体由众多小主体组成，也可从"总"与"分"的不同层面同时对其主体名称作出必要的双重认定，以说明主体的结构特点。例如：

甲图

乙图

甲图：一支中国海军的护航舰队，包括"武汉号"、"海口号"两艘驱逐舰和一艘"微山湖"号补给舰，从广州出发，经过十一天航行，到达了阿拉伯海域的亚丁湾。

乙图：园子里长满了各种蔬菜，黄瓜、豆角、茄子、辣椒和西红柿等。

2.5 在认定主体一般名称的同时，再认定其特定价值之名　凡主体，既有它的名称，也有其特定价值。为此，可在认定其一般名称的同时，再认定其价值之名，以展现其价值。例如：

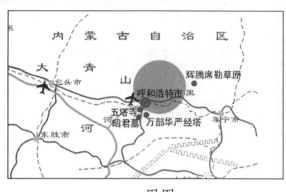

甲图　　　　　　　　　　　乙图

甲图：昭君墓，这座被誉为民族团结象征的古代汉墓，就坐落在大青山脚下，辽阔的内蒙古草原上。

乙图：海带中含有大量的碘和多种碘化物，那正是甲状腺患者所缺少的微量元素。

综上，既对物体依存态中的主体、依体、关联式之数目作出灵活多样的选择，也对其主体之名称作出灵活多样的认定，无疑会使人所创作的物体依存态描写文句内容丰富，形式多样。如果再加上物体依存态自身的特征和作者不同的个性及意图，这样的描写句就变化无穷，决不会有雷同的现象出现。但是，万变不离其宗，不同内容、不同样式、不同意义、不同风格的物体依存态描写句，都无法超越其基本范式"主体ぁ（依体ぁ关联式）"所设定的结构特征。因此，只要从基本范式的结构出发，实施多层次多角度的活用，就一定能创作出多样化的物体依存态描写文句，并使每一文句个性鲜明，特征突出。

对主体、依体和关联式数目选择及主体名称认定活用的运作方法程序应该是：

A. 借助基本范式观察物体依存态，先对其中的主体、依体及关联式作出区分设定；再根据物体的特征和作者自己的意图，对其主体、依体及关联式的数目作出灵活选择，并摄取认定。

B. 根据主体的特征和作者的意图，对其名称，或不再作认定，或作补充认定。

C. 根据所选择认定的结果，从总范式中选取恰当的具体范式，将认定结果组合排列，表达成句。

运用上述程序，可以对物体依存态描写的运作过程实施有效控制。

演示一

已知，下面图中有四幅画，每一幅画中又有众多不同的物体存在。如果把图中箭头所指的物体作为认识对象，该如何描写才能分别展现出它们各自的依存态的特征及特定意义呢？

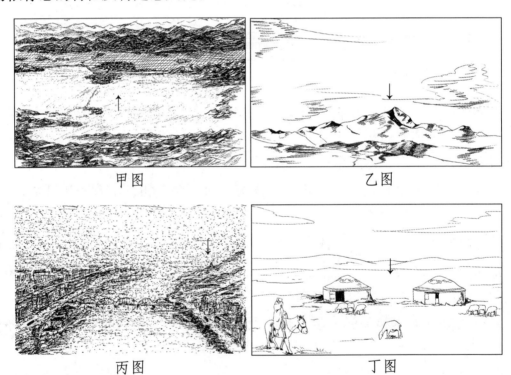

甲图　　　　　　　　　乙图

丙图　　　　　　　　　丁图

先对甲图中的物体实施描写，其运作过程及结果如下：

A. 借助"主体ゐ（依体ゐ关联式）"之范式，先对物体依存态中的主体、依体及关联式作出区分，并选择认定如下：

a. 按题目要求，所选择的主体只有一个，可被认定为"汉中"；

  b. 根据主体所选择的依体有两层，又被依次认定为"秦巴山脉之间的大裂谷中"及"汉江中段的平原上"。

  c. 根据主体和依体之间的关系，所选择的关联式只有一个，可被认定为"有"。

B. 根据主体的特征及作者意图，须对其名称再作补充认定，即："历史文化名城"。

C. 最后，按照"(双依体ぁ单关联式)ぁ单主体（双认定）"的范式，将上述认定结果组合排列，表达成句如下：

甲图：在秦巴山脉之间的大裂谷中，汉江中段的平原上，有一座历史文化名城，那就是汉中市。

再按同样的方法程序运作，将图乙、丙、丁中的诸物体依存态依次描写如下：

乙图：天山，就处在我国的大西北，横亘几千里，把辽阔的新疆分为南北两半。

丙图：白塔、小山、大桥、楼房，还有马路上的行人和车辆，都淹没在浓浓的沙尘里。

丁图：在蓝天白云下，辽阔的内蒙古草原上，到处都有丰盛的牧场、圆圆的蒙古包、雪白的羊群和骑在马背上的牧民。

运用上述程序，亦可对作家们描写创造的物体依存态文句作阅读分析，以透现出该文句的特征及作家们从无到有的创造过程。其方法是：（1）通过对文句的阅读，区分识别所选择认定的主体、依体及关联式，以及其间的组合排列范式。（2）据此展开想象，透视说明作者从无到有的创造过程。

演示二

鲁迅先生在其《故乡》一文中，一开头就对故乡的景象作出了如下一段精彩的描写：

  渐近故乡时，天气又阴晦了。从蓬隙间向外望去，<u>苍黄色的天底下，远远横着几个萧索的荒村。</u>冷风吹进船舱，呜呜的响。

现就其中加横线的一句作重点阅读，完成两个作业：（1）区分识别选择认定的主体、依体及关联式各是什么，写出其间的组合排列范式。（2）据此展开想象，说明作者创造该文句的思考运作过程。

（1）对主体、依体、关联式及组合排列范式区分如下：

句中依存态的主体是"几个萧索的荒村"；依体是"苍黄色的天低下"和"远近"；关联式是"横着"。依存态结构的范式为"（双重依体＋单关联式）＋单主体"。

（2）据此，对作者描写的思考运作过程透视如下：

A. 作者在对被描写的物体依存态观察的基础上，先区分出其中的主体、依体及关联式，并灵活选择认定如下：

a. 所选主体很多，只是被合并认定为"几个萧索的荒村"。

b. 所选依体有两层，被依次认定为"苍黄色的天底下"及"远近"。

c. 根据几个主体和依体的特征，选择一个关联式，被认定为"横着"。

B. 根据主体自身的特点和作者自己的意图，对其名称不再作补充认定。

C. 最后，作者便依据所选认定的结果，从基本范式中选取了具体范式：（双重依体＋单关联式）＋单主体。从而可将该认定结果组合排列表达成题目所给的文句。

上述两个演示表明，根据物体依存态结构的基本范式及活用方法，按照其思考运作的程序，不仅可以对物体依存态实施有效的创造描写，也可对物体依存态描写句实施有效的阅读分析。如果说，从这样的创造描写中可以获得直接经验的话，通过阅读透视获得的正是作家们实施创作的间接经验。如此，把写作与阅读结合起来，齐头并进，互相促进，定可收到事半功倍的效果。

第三节　物体依存态链

在自然界和我们的生活中,到处都有众多不同物体共同存在的现象。但是,共同存在的不同物体,并非各自孤立,而是互相依存、彼此关联的。这就使得它们的依存态必然也彼此关联,呈现为链状结构。我们就把这样的结构叫做物体的依存态链。

例如:在右图中,如果我们把"地球"作为主体,其所依赖的依体就是"太阳",所呈现的依存态可被描写为"地球围绕太阳转","转"自然是其中的关联式;如果我们把"月球"作为主体,其所依赖的依体又是"地球",所呈现的依存态亦可被描写为"月球绕着地球转",这里的"转"无疑也是该依存态中的关联式。如果我们再把这两个依存态连接起来,其所构成的便是一个依存态链,可描写为:"地球围绕太阳转,月球绕着地球转"。其实,像这样的依存态链无处不有,作家们因此也时时写,即如:"大山的脚下有一片草地,草地的中央有一个池子,池子里装满了水,有几条小鱼在水中游来游去。"

物体依存态链的描写,是在描写独立依存态的基础上实施的。但在描写时,还必须进一步区分认识链中诸多不同物体依存态之间的连接方式,即依存态链的结构方式。那么,什么是依存态链的结构方式?我们又如何识别区分呢?

1　单一结构的依存态链

依存态链的单一结构有三种方式,那就是:包含式、相邻式及相对式。

1.1 包含式结构的依存态链　在单一物体依存态的主体和依体之间,如果主体所占空间较小,依体所占空间较大,且主体被依体所包含(依体包含主体),由此呈现的物体依存态就是包含式依存态。例如:"月儿挂在天空中","鱼儿

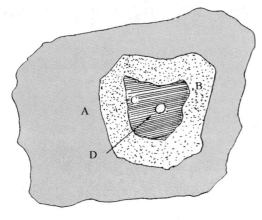

在水里游着"、"池子里装满了水"、"叶子上开了一个小孔"、"海带中含有大量的碘化物"等，都属于包含式的物体依存态描写。如此，在众多不同物体之间，如果总是大物体包含较小物体，较小物体包含更小物体，更小物体包含比它还小的物体，其所呈现的物体依存态链就是一个包含结构，即如左图所示的那样：

A 包含 B，B 包含 C，C 包含 D。例如："火车站里有火车，车箱里面有旅客，旅客手里提包裹，包裹里面有个小木盒，木盒里面装着三个人参果。"这便是一个由多物体依存态构成并用语言描写出来的、具有多重包含结构方式的多物体依存态链。

如上所述，包含式的依存态链原本就是众多物体互相依存的一种特定方式，而把这样的依存态链用语言描写出来，则是我们作文之"作"的一项重要任务。其思考运作的程序是：

（1）观察自然界包含物体的过程中，按照从大到小的包含顺序，将这些物体组合排列，并对其名称分别作出认定。

（2）以每前一个物体为依体，以每后一个物体为主体，依次确认其间的关联式，并将这些依存态描写出来。

例如：

（1）右图中，先按诸物体从大到小的包含顺序，组合排列认定如下：

山脚—石崖—石缝—寒号鸟

（2）以每前一物体为依体，每后一物体为主体，依次描写它们的依存态，使之成为如下依存态链：

山脚下有一堵石崖，石崖上有一道石缝，寒号鸟就住在这个石缝里。

1.2 相邻式结构的依存态链 在单一物体依存态的主体和依体之间，无论其是大是小，只要彼此相邻，即一个挨着另一个，所呈现的物体依存态就是相邻式依存态。例如，"黄河的岸边有一座山"、"山的旁边有一条小河"、"河岸边

上有一个石洞"，"一只野兔就蹲在洞口"，都属于相邻式依存态的描写。如此，在众多不同物体之间，如果它们也按照上述的方式彼此相邻，所呈现的多物体依存态之链，就是一个相邻式的依存态链，即如下图所示：A与B相邻，B与C相邻，C与D相邻。例如："操场的边上有一个大花坛，花坛的旁边有一座纪念碑，纪念碑的旁边有几个小学生。"这无疑又是一个由多物体依存态构成的、用语言描写出来的、多重结构的相邻式物体依存态链。

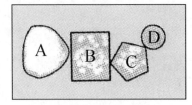

如上所述，相邻式依存态链原本也是一种多物体之间互相依存的方式，而把这样的依存态链用语言加以描写，同样也是我们作文之"作"的一项重要任务。其思考运作的程序与前大同小异，即：

（1）通过对自然界多重相邻物体的观察，按照其间的相邻顺序，将这些物体组合排列，并对其名称分别作出认定。

（2）以每前一个物体为依体，以每后一个物体为主体，先依次确认其间的关联式，再依次描写各自的依存态。

例如：

（1）面对上图，按照所确定的依存顺序，将其中诸多物体选择排列认定如下：

山林—公路—稻田—池塘—梧桐树

（2）以每前一物体为依体，以每后一物体为主体，依次描写它们各自的依存态，可展示出如下依存态链：

山林的旁边是一条新修的公路，公路的旁边是一片稻田，稻田的尽头有一个池塘，池塘的边上长着一棵高大的梧桐树。

1.3 相对式结构的依存态链 在单一物体依存态的主体与依体之间,如果既不是包含关系,也不是相邻关系时,便是相对关系了。这样的相对关系具有多样化的特点,诸如:上与下相对,左与右相对,前与后相对,远与近相对,正与侧相对,内与外相对,东与西相对,南与北相对,以至两端与中间相对,四周与中央相对等。不管两个物体之间具有哪一种相对关系,只要以其中的一个为主体,另一个为依体,所呈现的依存态都属于相对式结构的物体依存态,并能用语言描写。例如:"天低下是一眼望不到边的稻田","石崖的前面有一条小河","坟墓的左边有一棵大树","旗杆的南面有一座纪念碑","海的远处是一片云雾","监狱的四周布满了电网"," 海天相接的地方出现了几个小黑点,那是人民海军的巡逻艇"。如此,众多不同的物体之间都具有这样或那样的相对关系,由此所呈现的依存态链便是相对式依存态链。相对式的多物体依存态链的结构又有多种不同的组合排列方式。但是,按照作家们的经验,可被区分为三种,那就是:串连式、并联式及串并式。

所谓"串连式"结构,就是在自然界或我们生活中,诸多不同的相对物体按照一条线的方式组合排列,与前述的包含式及相邻式相似,就如同市场上卖的羊肉串。如此,其描写运作的程序与结果也与"包含式"及"相邻式"大同小异。例如:

 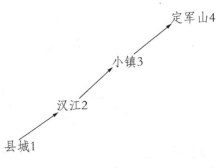

陕西省勉县县城的南面有一条不大的江,叫汉江。汉江对岸有一个小镇。就在小镇南面的不远处,坐落着两个圆顶的小山包,那就是《三国演义》一书中所描写过的定军山。

所谓"并联式"结构,就是在自然界或我们的生活中,众多不同的相对物体之间,以一个物体为中心,使其他物体分别与该中心物体相对。这些分别相对的其他物体是并列对等的,都以中心物体为它们的共同依体,只不过在语言描写时需要按放射线的结构组合排列。例如:

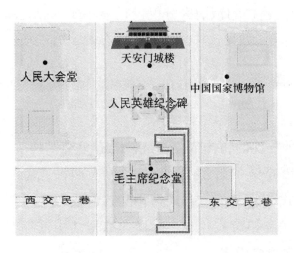

在天安门广场的中心，矗立着一座高大的建筑物，那就是人民英雄纪念碑。纪念碑的正北面是天安门城楼，正南面是毛主席纪念堂，正东面是国家博物馆，正西面是人民大会堂。

所谓"串并式"结构，就是在自然界或我们的生活中，众多不同的相对物体之间，既有"串连式"结构，也有"并联式"结构。如此，在语言描写时，可按实际情况灵活确定主次，或者以"串连式"为主线包含"并联式"，或者以"并联式"为主线包含"串连式"。例如：

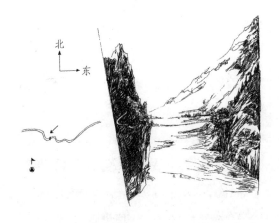
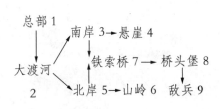

大渡河就在军委总部的不远处。它的南岸是悬崖峭壁，北岸是崇山峻岭，中间只有一道铁索桥可以通过。铁索桥的北端有一个桥头堡，四周围有两个连的兵在把守，那是刚从别处调来的川军。

无论是串连式，还是并联式，都不过是相对式依存态链结构的单纯方式，因而不难识别，也容易描写。只要能够识别这样的"串连式"与"并联式"，就一定能够识别出"串并式"。然而，这样的识别区分仅仅是第一步，最关键的第二步应该是对其组合排列作出设计。如果这样的设计成功有效，第三步的描写就不成问题了。

2 综合结构的依存态链

其实，从自然界及我们生活中所发现的物体依存态链，既有单纯结构的，也有综合结构的。所谓综合结构，就是链中诸多不同物体之间有两种或者三种结构方式，或者是包含式与相邻式，或者是包含式与相对式，或者是相邻式与相对式，或者是包含式、相邻式及相对式共有。这样的综合结构依存态链，又能呈现为以下三种不同的总体结构样式：

2.1 "一线贯通"式的综合结构依存态链　就是依存态链中的诸物体之间，虽然有多种单一结构方式，但在整体上呈现出的组合排列方式可以连成一条线，因而叫做"一线贯通"式。例如：

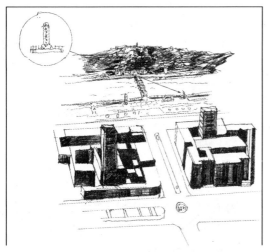
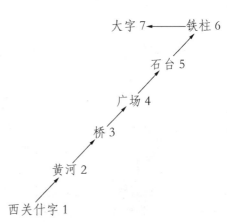

从古城兰州的西关什字向北，不足一里地，展现在我们面前的便是黄河。中山桥就横跨在黄河上，把南北两岸连成一体。桥的南端有一个小广场，广场的东面有一个长方形的石台，上面矗立着一樽巨大的铸铁圆柱，柱正面从上到下铸着七个大字，那就是"天下黄河第一桥"。

2.2 "线外分支"式的综合结构依存态链　就是依存态链中的诸物体之间，虽有多种单一结构方式，但其在整体上呈现的组合排列方式并非"一线贯通"，而是在一条线上另有分支，这就叫做"线外分支式"。例如：

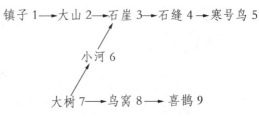

巴山镇的后面有一座大山，叫南屏山。山脚下有一堵石崖，石崖上有一道石缝，寒号鸟就住在这个石缝里。石崖的前面有一道小河，小河的边上长着几棵高大的梧桐树。再看树上的枝叉里，还有很多鸟窝，一只喜鹊正从窝里飞出来。

2.3 "分合交替"式的综合结构依存态链　　就是从一个巨大且复杂的物体依存态中区分出若干不同的小物体，以分别描写它们各自呈现的物体依存态链，这便是"分"。如有必要，也可在此基础上，再从其中的任何两个依存态链之间找出新的依存态链，这又是"合"。如此，分中有合，合而再分，所形成的结构就叫做"分合交替"式。例如：

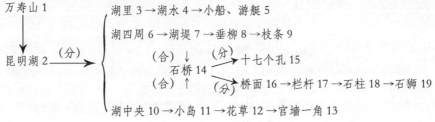

从万寿山下来，就是昆明湖。湖里装满了水，平静的水面上漂着各式各样的小船、游艇。湖的四周是长长的湖堤，堤上长满了垂柳，柔嫩的枝条在微风中缓缓地摆动着。湖的中央有一个小岛，岛上长着浓密的树木花草，绿荫丛中还露出了宫墙的一角。就在湖堤与小岛之间，有一座长长的石桥，下面有十七个孔，叫十七孔桥。桥面的两边各有一排石栏杆，栏杆上有很多石柱，每根石柱的顶端各雕刻着一个小小的石狮。

对于综合结构的物体依存态链来说，无论是"一线贯通"式，还是"线外分支"式，或者是"分合交替"式，其实都是由自然界诸多物体间的依存关系决定的。在语言描写过程中，人不过是发现和选择运用这些关系，包括对物体的选择摄取、组合排列方式的设计及描写表达。

综上所述，所谓物体依存态链的结构，不仅有单一的，也有综合的。其中，不管哪一种结构的依存态链，都是我们的认识对象和观察描写的内容。但是这样的描写必须按照从单一向综合过渡的层次上升顺序逐步实施。只有这样，才能深刻理解"单一"与"综合"之间的内在联系，从而达到运用自如的程度。

其实，认识了上述物体依存态链的结构方式、结构层次及种类样式，不过是为我们描写物体依存态链提供了一定的基础知识和基本方法。而要获得相应的描写能力，还必须通过大量的训练才能实现，其思考运作的程序应该是：

A. 观察自然或生活，从中发现并选择出众多有价值的物体。研究这些物体之间的依存方式，看其所呈现的依存态链的结构是单一的，还是综合的，各属于哪一种类。

B. 依据上述的选择与识别判断，对诸多不同物体之间的组合排列方式作出有效设计，并画出组合排列图。

C. 按照设计图，对其中诸物体的依存态依次作出有效描写。

演示一

五月三日那一天，小明和他的朋友们在老师的带领下，来到黄河岸边的一座小山冈上观景。他们向北望去，只见眼前出现了一幅如同下图所画的风景，于是便拍成了照片。回到学校以后，老师给每个同学发了一张照片，要求他们就照片中存在的物体及所构成的依存态链作出描写。

小明是怎样写的呢?

A. 在实际观察的基础上,通过对照片的分析,小明发现了很多不同的物体,并对其中有价值的物体选择认定排列如下:

　　山冈—黄河—河面—羊皮筏—对岸的山—古庙—旗杆—山南田地—麦苗—东边的山包—树林—村庄—不远处的铁塔—上面的红旗—风—蓝天

通过对这些物体间依存关系的分析,小明判断出,其所呈现的依存态链的结构不是单一方式,而是综合方式,属于"分合交替式"。

B. 按上面的选择判断,小明不但对上述诸物体之间的组合排列方式作出了设计,而且用下面的图式表示出来:

$$
\text{山冈1} \rightarrow \text{黄河2} \rightarrow \begin{cases} \text{河面3} \rightarrow \text{羊皮筏子4} \\ \text{河对岸5} \rightarrow \text{山6} \rightarrow \text{庙7} \rightarrow \text{旗杆8} \end{cases}
$$

(分)
良田9 → 山包11 → 树林12 → 村庄13 → 铁塔14
(分) 麦苗10
红旗15 ← 蓝天16
(合)
(分) 风17

C. 最后,小明便按照这个图中的组合排列,写出了除"山冈"、"蓝天"以外所有物体的依存态,从而展现出了一个如下的综合式依存态链:

　　我站在山冈的石台上向下看,呈现在眼前的便是波涛滚滚的黄河。远处的河面上,漂来了几只羊皮筏子,顺流而下。黄河的对岸有几座大山,山顶上有一座庙宇,庙的后面还竖着一根长长的木杆,可能是用来挂旗的。山的南面是一片连着一片的田地,地里长着绿绿的麦苗。田地的东面有一个小山包,周围长满了树木。树林的后面有一个小村庄，那就是田地主人居住的地方。村庄的西边不远处，矗立着一座高高的铁塔，顶上有一面红旗，正映着蓝天迎风飘扬。

毫无疑问，上面的程序还可以反推出阅读的方法，即：先从作家们所描写物体的依存态链中区分出所有的不同物体，并根据其间的依存关系画出组合排列图。再据此展开想象，按照A、B、C的顺序叙述说明作家们实施描写的全过程。

演示二

已知，下面一段文句所描写的正是一个由诸多物体互相依存而呈现出来的依存态链。请在阅读的基础上，依次完成两个作业：（1）画出诸多物体间的组合排列图。（2）叙述说明作家描写该链的全过程。

我国台湾省台中市的附近有许多山，山谷中有一个不大的天然湖。湖里装满了水，湖四周的山坡上长着密密层层的树木，山林就倒映在湖水中。湖的中央有一个小岛，把湖分成两半。一半圆圆的，叫日潭；一半弯弯的，叫月潭。两潭湖水相连，那中间的小岛就像翠盘里的一颗明珠。

这显然是一个"分合交替"式的综合结构依存态链，其中诸物体间的组合排列图可展示如下：

```
                          ┌ 湖里4→湖水5
台中市     许    天然        │ 湖四周6→山7→树林8
附近  → 多 →  湖 3  ┤                    (分)         (合)
  1       山    
          2    │                      ┌→一半（日潭）11 ┐
                          └ 湖中央9→小岛10 ┤              ├→岛13
                                       (分)              (合)
                                          └→一半（月潭）12 ┘
```

据此，要叙述作者实施描写的全过程，就不会有多大的困难，可由读者自己完成。因为，正是这个图，不但表明了作者的发现、选择与设计，也为具体的描写提供了确定的运作轨道，那就是：先A再B最后是C的程序。就是说，凭借A、B、C的程序思考，便能说出作者的描写过程。

物体性状态描写

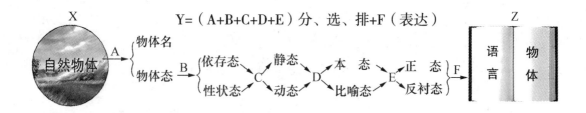

> **小知识**
>
> **性状态的引入**
>
> 什么是性状态？由物体的性状所呈现的各种状态（包括形态、色态、声态、味态、触态），我们把它叫做"性状态"。
>
> 依存态与性状态的根本区别就在于：前者反映了物体与物体之间的依存关系，后者所展现的则是物体自身的特征。
>
> **性状态的描写**
>
> 与依存态一样，物体的性状态也需要用语言去描写。其描写分为两层：一层是只针对独立物体的描写；另一层是对依存态链中所有不同物体的描写。其中，针对独立物体的描写有两种：既可以只描写物体自身的性状态，也需要把独立物体的依存态与性状态结合起来描写。此两种描写所创造的文句，是内容不同而样式各异的文句。而依存态链中的各物体，不仅有依存态，也有性状态。但不同的物体有不同的描写方法：有些物体只写其依存态，有些物体则只写其性状态，但大多数物体则需要把依存态与性状态结合起来描写。也正是由于这种多样化的描写，才使所描写的依存态链之整体性状呈现出层次分明、重点突出的特点。

第一节 物体性状五态

凡物体不仅存在，也有性状。若把其依存态与性状态作比较，其根本差别在于：前者所反映的只是不同物体之间的依存关系，而后者表明的则是物体自身的特性。因此，要确认物体的性状态，就只能将注意力集中在作为认识对象的物体本身，全面地感知它。其中，运用的感觉器官不同，所被确认的性状态也就各自相异：

1. 若眼观物体，所能确认的性状态有两种，那就是形态和色态。例如：

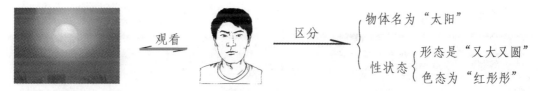

2. 若耳闻物体，所能确认的性状态只有一种，那就是声态。例如：

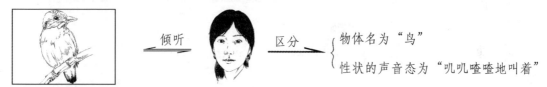

3. 若舌尝或鼻嗅物体，所能确认的性状态只有一种，那就是气味。例如：

4. 若皮肉触及物体，所能确认的性状态只有一种，那就是触态。例如：

显然，所谓物体的性状态，不过是由人的感觉确认的，一共有五种，那就是形态、色态、声态、味态及触态，可简称为性状五态。反过来说，也正是这五态共同展现着物体的性状。因此，如果把人对物体的性状态描写叫做状物，所状的内容也正是此五态，可叫做"五态状物"。

五态状物，既是人类语言文句得以生成的重要渠道之一，也是作文之"作"的一项基础活动，其运作的过程包含三个有序动态环节，那就是：先区分设定，再选择认定，最后组合排列。

什么是区分设定呢？就是人在对物体作出观察的基础上，根据性状态结构的一般特征，先将其区分设定为"物体名"和"性状态"两个不同概念，再将该"性状态"进一步区分设定为形、色、声、味、触之五态。这样的区分设定是凭借人脑实施的，其活动过程可用下面的图文展示出来，即：

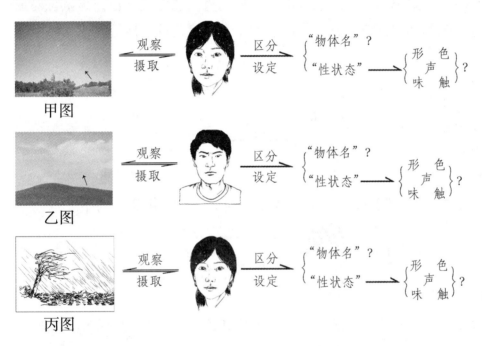

显然，这样的区分设定方法是确定的，由此也使人脑的思维具有定向性，不受其他因素的干扰。

什么是选择认定呢？选择认定是在"区分设定"的基础上实施的。所谓选择，就是对五态的选择，其方法又是不确定的，呈现出灵活多样的特点，即：或者从"五态"中选择其一，叫单选；或者从"五态"中选择其二，叫双选；或者从"五态"中选择其三或四，叫多选（五态共选是没有的）。这样的选择并不是随意的，而是有确定的标准，可被归纳为如下三个定理：

> Ⅰ.凡物体都有它自身的性状特征，该特征通过五态中给人感受最强烈的态表现。故应选择其中给人感受最强烈的态，以展示物体的性状特征。

Ⅱ. 凡物体所在环境（时季、地域、相关物体）仅表现在五态中的一部分态上。故应选择足以反映物体环境的态，以反映物体所在环境。

Ⅲ. 物体的一些性状态往往会触动作者的情感，故应选择与作者感情相宜的那些态，以表达作者的感情。

所谓认定，就是将所选之"物体态"及"物体名"用语言符号作出表达。其中，对"物体名"认定的结果是名词，对其"物体态"认定的结果不外乎形容词或动词。

不难发现，这里的选择认定既有确定性，也有不确定性。所谓确定，是指五态选择的定理是统一不变的，这就使得人的思维活动具有定向性；所谓不确定，是指人对"五态"的选择可多可少，具有灵活多变的特点。正是这种"确定性"与"不确定性"的统一，才使得人所创作出的对物体性状态描写的文句，既在"物体名"与性状"五态"的范围之内，又具有多样化的特点。例如：

对于甲图中的物体之性状五态，只可单选其色态。这是因为，在其被设定的性状五态之中，只有色态，不仅给人的感受最强烈，而且能展示物体之性状特征，也还在于同时能反映出物体所在的环境为"晴日"，并能表达作者"愉悦明快"的心情。如此认定的结果是：其物体名为"天空"，其色态为"蓝蓝的"。

对于乙图中的物体之性状五态，可双选其色态和形态。这是因为，在其被设定的性状五态中，只有色态和形态，不仅对人的感受最强烈，而且能展示该物体的性状特征，也还在于同时能反映出物体所在的环境为"秋天晴日"，并能表达出作者"轻松愉快"的心情。如此认定的结果是：物体名是"云"，色态是"白"，形态是"朵朵"。

对于丙图中的物体之性状五态，可多选其两个触态及一个声态。这是因为，在该物体性状五态中，只有触态和声态，不仅因其对人的感受最强烈而能展示该物体的性状特征，也还在于同时能反映出该物体所处的环境是"北方寒冬"，并能表达出作者"悲凉"的情感。如此认定的结果是：其物体名为"风"，其两个触态分别为"寒冷"及"刮来"，其声态是"呜呜地响"。

什么是组合排列呢？就是把已经选择认定的物体名及性状态组成一个整体，以展示物体形象特征，这就是组合。正是在这个组合的基础上，用线性结构的语言文句表达出来，又将所组合的物体名及性状态编排成序，这叫排列。这样的组合排列也有可供选取的范式，但一般不外乎下列三种：

> 性状态（单项、双项）+ 物体名
> 物体名 + 性状态（单项、双项或多项）
> 性状态（单项或双项）+ 物体名 + 性状态（单项、双项或多项）

这样的范式是确定的。但在具体状物时，究竟该取哪一个范式，又是不确定的，需要依据物体的特征和作者的意图灵活选择。因此，单就组合排列而言，它又是一个确定性与不确定性的统一。也就是在确定的范围内，又给人留下了自由创作的空间。

例如，对于前述甲图中所认定的物体名"天空"与色态"蓝蓝的"之间，既可取"性状态+物体名"之范式组合排列，也可取"物体名+性状态"之范式组合排列，即：

"蓝蓝的 + 天空"　　　　　"天空 + 蓝蓝的"
= 蓝蓝的天空。　　　　　= 天空蓝蓝的。

再如，对于前述乙图中所认定的物体名"云"与形态"朵朵"和色态"白"之间，既可取"性状态+物体名"的范式组合排列，也可取"性状态+物体名+性状态"之范式组合排列，即：

"（朵朵 + 白）+ 云"　　　"白 + 云 + 朵朵"
= 朵朵白云。　　　　　　= 白云朵朵。

又如，对于上述丙图中所认定的物体名"风"与触态"寒冷"、"刮来"及声态"呜呜地响"，一般取"性状态+物体名+（性状态+性状态）"之范式组合排列为宜，即：

"一阵寒冷的 + 西北风 +（刮来 + 呜呜地响）"
= 一阵寒冷的西北风刮来，呜呜地响。

其实，如上所述的区分设定、选择认定、组合排列之三项活动，并非各自孤立，而是彼此关联的。它们之间，选择认定是在区分设定的基础上实施的，而只有在选择认定的基础上才能组合排列。据此，若将其三者按照发生的先后顺序再组合排列，便是一个关于性状五态之状物的思考运作程序，即如下面表述的那样：

> A. 观察物体,按照性状的确认方法,将其区分设定为"物体名"和"性状五态"。
> B. 按照"三定理"的要求,对"性状五态"作出灵活选择,并与"物体名"分别作出认定。
> C. 从"三范式"中选取最恰当的范式,将所认定的"物体名"及"性状态"组合排列,表达成句。

运用这一程序,首先可以实施对人脑思维活动的有效控制,以便把任何一个具有某种性状特征的自然物体描写为一个有价值的语言文句。

演示一

已知,下面四幅图中所画的都是取自自然界及我们生活中的常见物体。通过观察比较不难发现,每一个(种)物体都有它与众不同的性状态及所在环境。请在观察每一个(种)物体的基础上,分别按照A、B、C的程序思考运作,用不同的语言文句将各自的性状特征描写出来,以示读者。

甲图　　　　乙图　　　　丙图　　　　丁图

先对甲图中的物体进行描写,其运作过程与结果如下:

A. 先观察该物体,将其区分设定为"物体名"和"性状五态",即:

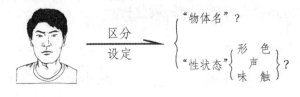

B. 再按"三定理",对其"五态"作出选择,并与"物体名"分别认定。

按照"三定理"，所选之态只能是其形态和色态，而不是其声态、味态及触态。其认定的结果是：物体名为"天"，形态为"高"，色态为"蓝"。

C. 从"三范式"中只选取"物体名＋（形态＋色态）"之范式，将上述认定结果组合排列，并表达成句如下：

甲图："天＋（高＋蓝）"
　　　＝天，是那么的高，那么的蓝。

再对乙、丙、丁图中的物体分别描写。其运作程序与前相似，结果分别如下：

乙图：乌云一团团，黑沉沉的。
丙图：大红枣儿甜又甜。
丁图：紫红色的葡萄一串又一串，吃起来又酸又甜。

其实，作家们也是按照如上 A、B、C 之程序思考运作而描写物体之性状态的。因此，在作家们所创作的文句中，必然也凝结着这样的运作过程。如今，按照这样的程序思考运作，控制阅读，便能从作家们创作的文句中透视出其思考运作的过程。其方法是：(1)在阅读的基础上，先区分识别出句中的"物体名"是什么，有哪几种（个）性状态，其间的组合排列范式又是哪一种。(2) 在此基础上，展开想象，再按 A、B、C 之程序透视叙述出作家描写的全过程。

演示二

已知，下面列举的都是作家们描写物体之性状态而创作的文句。请先阅读，看看自己有什么感受，然后，就其中"地里的泥土解冻了，踩上去软绵绵的"这一句作出分析识别，并就此说明作者创作该文句的思考运作过程。此作业完成后，再自行对其余文句作相应阅读分析。

　　肥胖的黄蜂　　　　　　鸟嘴儿尖尖的。
　　紫色的桑椹　　　　　　湖水是一片乌蓝。
　　光滑的石井栏　　　　　地里的泥土解冻了，踩上去软绵绵的。
　　一团团乳白色的浓雾　　稻子熟了，黄澄澄的，一大片。

绿油油的白菜	荞麦花儿开了，粉红粉红的。
一轮金黄色的圆月	乳白色的浓雾一团团。
一大盘热腾腾的羔羊肉	粉红色的荞麦花散发出浓郁的清香。

（1）分析该文句如下：

不难看出，在该句中，物体之名是"地里的泥土"，而"解冻了"和"软绵绵的"则分别是形态和触态。其间的组合排列范式为"物体名+（形态+触态）"。

（2）透视说明其创作过程如下：

A. 作者在观察该物体的基础上，无疑先从中区分设定出"物体名"和"性状五态"，即：

B. 在上述区分设定的基础上，作者无疑再按"三定理"对其"五态"作出选择，并与"物体名"分别认定如下：

对"五态"，作者选取了其中的形态和触态，而没有选择色态、声态及味态。这是因为，此时的物体环境是春天，其形态和触态给人的感受最强烈而且能充分展现物体性状特征。再加上作者此时的心情是愉快的，适合用触态表达。

所认定的结果是：物体名为"地里的泥土"，形态和触态分别是"解冻了"和"软绵绵的"。

C. 最后，作者选取了"物体名+性状态（形态+触态）"之范式，将上述认定结果组合排列，并表达成句如下：

"地里的泥土+（解冻了+软绵绵的）"
= 地里的泥土解冻了，踩上去软绵绵的。

毫无疑问，这样的阅读透视也可以通过另一种方式实施，那就是：先识别

句中的物体名及所选五态,并在写出组合排列范式的基础上,按照 A、B、C 的程序提出一系列问题:

(1) 在观察的基础上,作者对物体作了怎样的区分设定?

(2) 句中的物体性状态属于五态中的哪一(几)种?作者为什么要选择这些态,而不去选择其他的态?对此性状态及物体名,作者又作出了怎样的认定?

(3) 作者创造该文句时,选取了哪一种范式?为什么不选取别的范式?

显然,如果回答了这些问题,也就等于叙述说明了作者描写物体性状态的过程。若有兴趣,可用这样的方式完成对前面其他文句的阅读,从而展示出对作者描写运作过程的探究。这样,阅读透视的文句越多,获取的知识也越多,所吸取的写作经验也就越丰富。

第二节　依存态内注入性状

物体之依存态与性状态原本是融为一体的，但人对它们的描写却是灵活的，既可独立描写其依存态（如第一章），也可独立描写其性状态（如本章第一节），还可将依存态与性状态共同描写。共同描写的方法之一，就是先用范式"主体 ぁ（依体 ぁ 关联式）"确认物体依存态，再给该依存态中的主体、依体及关联式分别附加性状描写，由此生成的便是给依存态注入性状描写的总范式，即：

（性状态＋主体）ぁ ［(性状态＋依体) ぁ （性状度 ぁ 关联式）］

毫无疑问，由于该总范式的主体和依体都是物体，其所要描写的附加性状只能取它们各自的形、色、声、味、触之性状五态，按"五态选择定理"选择认定，所用的组合排列范式也只有"性状态＋物体（主体或依体）名"一种，即如下图所示：

$$\text{从} \begin{Bmatrix} \text{主体} \\ \text{或} \\ \text{依体} \end{Bmatrix} \text{的"五态"} \begin{Bmatrix} \text{形态} \\ \text{色态} \\ \text{声态} \\ \text{味态} \\ \text{触态} \end{Bmatrix} \xrightleftharpoons[\text{注入}]{\text{选取}} \text{"性状态＋物体} \begin{Bmatrix} \text{主体} \\ \text{或} \\ \text{依体} \end{Bmatrix} \text{名"}$$

然而，由于该范式中的关联式不是物体，其所要描写的附加性状自然不能也无法从物体的性状五态中获取，而只能来自于主体与依体两种物体互相联系的性状"五度"，即：范围广度、时间跨度、快慢速度、强弱力度、形象气度。这是因为，所谓关联式，其实就是主体与依体两种物体间的联系方式，其性状原本就是由上述联系的"五度"呈现的。如此，要给依存态中的关联式附加性状描写，不仅应该对主体与依体互相联系的"五度"作出确认，还必须实施有效的选择，即如下图所示：

$$\text{从} \begin{Bmatrix} \text{主体} \\ \text{与} \\ \text{依体} \end{Bmatrix} \text{的联系"五度"} \begin{Bmatrix} \text{范围广度} \\ \text{时间跨度} \\ \text{快慢速度} \\ \text{强弱力度} \\ \text{形象气度} \end{Bmatrix} \xrightleftharpoons[\text{注入}]{\text{选取}} \text{"性状度 ぁ 关联式"}$$

这样的选取有确定的价值标准，思考运作的定理是：根据主体、依体的特征及作者的写作意图选取给人感受最强烈的性状度，又使该性状度足以展现主体、依体的特征及作者的写作意图。这样的选取也有灵活多样的方式，或者只单选其中一度，或者多选其中二度或三度。如此，附加描写所用的组合排列又有多种可供选取的范式，有时为"性状度 + 关联式"，有时为"关联式 + 性状度"，有时还可以是"性状度 + 关联式 + 性状度"。

那么，怎样按照上述的定理与方法选择确认依存态关联式的性状度，又如何组合排列而实施有效的描写呢？这里，只能通过具体实例作出进一步的叙述说明。

例示一

在左图中，如果所确认的主体是"乌云"，依体是"天空"，其关联式就是"布"，所描写的物体依存态之句本应该是："乌云布天空"或者"天空布乌云"。但是，与众不同且给人感受最强烈的是，该主体与依体都很大，两者的联系范围很广，因而可选取其范围广度，认定为"满"，以作为关联式的性状度附加描写。如此，所用的组合排列范式为"关联式 + 性状度"，最终描写的文句是："乌云布满了天空"，或者"天空布满了乌云"。

例示二

如右图所示，如果所确认的主体是"那只野兔"，依体是"密林"，其关联式就是"钻"，所描写的依存态句应该是："那只野兔钻进了密林中"。但是，与众不同且给人感受最强烈的是，该主体

与依体间的距离很短，其联系的时间跨度也很短，因而可取其时间跨度，被认定为"一瞬间"，以作为关联式的性状度附加描写。如此，所取的组合排列范式就为"性状度＋关联式"，最终描写的文句便是："那只野兔一瞬间就钻进了密林中"。

例示三

即如右图所示，如果所确认的主体是"一架波音747客机"，依体是"首都国际机场的跑道"，其关联式就是"降落"，所描写的物体依存态句就是："一架波音747客机降落在首都国际机场的跑道上"。

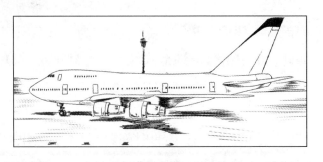

但是，由于主体与依体距离已近，其速度很慢，因而可选取其快慢速度，认定为"缓缓"，以作为关联式的性状度附加描写。如此，所取范式就为"性状度＋关联式"，最终描写的文句是："一架波音747客机缓缓地降落在了首都国际机场的跑道上"。

例示四

在左图中，如果所确认的主体是"九个巨大的桥墩"，依体是"桥身"，其关联式就是"托起"，所描写的物体依存态句是："九个巨大的桥墩托起了桥身"。但是，与众不同且给人感受最强烈的是，该主体与依体之间的联系具有很强的力度，因而可被选取认定为"稳稳地"，以作为对关联式的性状度附加描写。如此，所用的组合排列范式就为"性状度＋关联式"，最终描写所得的物体依存态句就是："九个巨大的桥墩稳稳地托起了桥身"。

例示五

如左图所示，如果所确认的主体是："远处的镇海塔"，依体是"江边"，其关联式是"屹立"，描写所得的物体依存态句是"远处的镇海塔就屹立在江边"。但是，由于该主体雄伟高大，使得其关联式的性状度给人以强烈感受，因而有必要取其形象气度，认定为"巍然"，以作为关联式的性状度附加描写。如此，所用组合排列范式就为"性状度＋关联式"，最终描写所得文句应为"远处的镇海塔就巍然屹立在江边"。

对于上述五个不同物体依存态的关联式描写，有的附加了性状的范围广度，有的附加了性状的时间跨度，有的附加了性状的快慢速度，有的附加了性状的强弱力度，有的附加了性状的形象气度。它们的共同之处在于，每一个关联式的性状描写只选取了性状五度中的一度，仅属于单选。但是，在另一种情况下，如有必要，还可以从性状五度中实施多选，以作为关联式性状度的附加描写。如：

例示六

在右面图中，如果确认的主体是"污水"，依体是"井盖的圆孔"和"街道"，其关联式就是"冒出"及"积"，描写所得的物体依存态句应该是："污水从井盖的圆孔里冒出来，积在街道上"。但是，根据该主体与两个依体的特点，使得两个关联式分别具有各自不同的性状度，应该选取并分别认定为"汩汩"、"很快"及"满"。如此，两个组合排列范式就分别为"性状度＋关联式"及"性状度＋关联式＋性状度"，最终描写所得的物体依存态句便是："污水从井盖的圆孔里汩汩地冒出来，很快就积满了整个街道"。

综上所述，如果要给已经确定的物体依存态注入性状描写，其主体与依体的性状应取自它们各自的性状五态，而关联式的性状则应从物体主体与依体互相联系的五度中获取。反过来说，只要明确了什么是物体的性状五态，什么是主体与依体互相联系的性状五度，便可实施对物体依存态注入性状的描写了。如此，所剩下的问题就是对给依存态注入性状描写之总范式的活用。

所谓对给依存态注入性状之总范式的活用，主要表现在就范式设定的主体、依体及关联式性状的选与不选及少选或多选上。这是由物体自身的特征及作者的意图共同决定的，也因时因地而变，由此所形成的描写也有如下多种，即：

1 单项注入

有时，只给依存态中的主体、依体及关联式中的任何一项作性状附加描写。这样的描写又被区分为三单六式：

1.1 只给依存态中的主体附以性状态描写　若如此，前述的总范式就会转化为如下特定范式，即：

$$（\text{性状态}＋\text{主体}）\text{ぁ}[\text{依体 ぁ 关联式}]$$

例如：

（一轮红的＋日）+［东方＋升起］

= 一轮红日从东方升起。

［山后＋涌起］+（一团团＋乌云）

= 山后涌起一团团乌云。

1.2 只给依存态中的依体附以性状态描写　若如此，前述的总范式也就相应地转化为如下特定范式，即：

$$\text{主体 ぁ}[(\text{性状态}＋\text{依体})\text{ ぁ 关联式}]$$

例如：

山林＋［倒映＋（清澈＋湖水）］

= 山林就倒映在清澈的湖水中。

［（漆黑＋夜空）＋闪着］＋亮光

＝漆黑的夜空里闪着亮光。

1.3 只给依存态中的关联式附以性状度描写 若如此，前述总范式亦相应地转化为如下特定范式，即：

$$\text{主体 ぁ [依体 ぁ（性状度 ぁ 关联式）]}$$

例如：

洪水＋［（猛烈＋冲击）＋堤岸］

＝洪水猛烈地冲击着堤岸。

［池子里＋（装＋满）］＋水

＝池子里装满了水。

2 双项注入

有时，可给依存态中的主体、依体及关联式的任何两项作性状附加描写。这样的描写可被区分为三双六式。

2.1 可给依存态中的主体和依体分别附以性状态描写 若如此，前述总范式就会相应地转化为如下特定范式，即：

$$\text{（性状态＋主体）ぁ [（性状态＋依体）ぁ 关联式]}$$

例如：

（银灰色＋战机）＋［飞越＋（万里蓝＋天）］

＝一架银灰色的战机飞越万里蓝天。

［（蓝＋天）＋飘］＋（朵朵白＋云）

＝蓝蓝的天空飘着朵朵白云。

2.2 可给依存态中的主体和关联式分别附以性状描写 若如此，前述总范式就会相应地转化为如下特定范式，即：

| （性状态＋主体）ぁ［依体 ぁ（性状度 ぁ 关联式）］|

例如：

（鲜红＋太阳）＋［东方＋（冉冉＋升起）］
＝鲜红的太阳从东方冉冉升起。

［天空＋（布＋满）］＋（铅灰＋阴云）
＝天空布满了铅灰色的阴云。

2.3 可给依存态中的依体和关联式分别附以性状描写　若如此，前述总范式亦会相应地转化为如下特定范式，即：

| 主体 ぁ［（性状态＋依体）ぁ（性状度 ぁ 关联式）］|

例如：

大货车＋［（深深＋陷）＋（烂＋泥）］
＝一辆大货车就深深地陷进烂泥里。

［（晴朗＋夜空）＋（布＋满）］＋星星
＝晴朗的夜空布满了星星。

3 三项注入

就是给依存态中的主体、依体及关联式都分别附以性状描写。这样的注入又叫做全注入，只有一法二式。若如此，便可用前述的总范式直接实施描写，只需对其中的性状态与性状度作明确区分，由此表述如下：

| （性状态＋主体）ぁ［（性状态＋依体）ぁ（性状度 ぁ 关联式）］|

例如：

（柔嫩＋枝条）＋［（微＋风）＋（轻轻＋摆动）］
＝柔嫩的枝条在微风中轻轻地摆动着。

［（苍茫＋大海）＋（高傲＋飞翔）］＋（黑色的＋海燕）
＝在苍茫的大海上，几只黑色的海燕在高傲地飞翔。

如果把上述对总范式的活用方法加以归纳，就是"三注七法十四式"，由此所创造的文句必然是多样化的，这正是我们所追求的。因此，记住了给依存态注入性状的总范式，掌握了以上"三注七法十四式"的活用方法，就等于获得了给依存态注入性状描写的法宝。

应该明确的是，尽管这样的描写能把物体的依存态与性状态融为一体，使得所创作的文句具有同时能表现物体依存方式与性状的双重功能，但其中的依存态始终是句子的结构主干，而性状不过是在该主干上添加的枝叶，两者不能对等。这就决定了我们的描写运作必须按照如下程序实施：

> A. 运用依存态范式立主干。即根据依存态范式，对物体依存态中的主体、依体及关联式作出确认，并组合排列。
>
> B. 注入性状添枝叶。就是根据物体特征及作者的意图，对总范式设定的主体、依体的性状态及关联式的性状度作出灵活选择确认，并注入其中。
>
> C. 调整范式作表达。就是对已经选定的依存态组合排列范式作必要调整，表达成句。

如果要用"给依存态注入性状"的方法描写物体，便可直接运用这一程序实施具体的思考运作。

演示一

已知，在下面甲、乙两幅画中，各有众多不同的物体。这些物体不仅存在，且具有各自的性状特征。如果把箭头所指示的那些物体作为我们认识描写的对象，将如何按照"给依存态注入性状"的方法描写出它们各自的依存方式及性状特征呢？

先按程序操作，描写甲图中的物体，其过程与结果如下：

A. 运用物体依存态范式立主干，其过程与结果是：

这里的主体为"九个桥墩"，依体分别是"江水"和"桥身"，关联式分别是"屹立"与"托住了"。

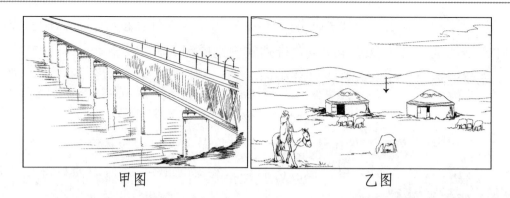

甲图　　　　　　　　　乙图

可用范式"主体＋（依体 ㄉ 关联式）＋（依体 ㄉ 关联式）"将上述认定结果组合排列，并描写为："九个桥墩屹立在江水中，托住了桥身"。

B. 注入性状于依存态以添枝叶，其过程与结果是：

a. 给主体"九个桥墩"注入性状态"巨大"，使其为"九个巨大的桥墩"；

b. 给依体"江水"注入性状态"波涛滚滚"，使其为"波涛滚滚的江水"；

c. 给关联式"屹立"注入性状度"巍然"，使其成为"巍然屹立"；

d. 给关联式"托住"注入性状度"稳稳"，使其成为"稳稳地托住"。

C. 调整范式组合排列以表达成句。由于"波涛滚滚的江水"较复杂，可调整到句子最前面作独立描写。如此所表达出来的句子便是：

波涛滚滚的江水中，九个巨大的桥墩巍然屹立，稳稳地托住了桥身。

对于乙图中的物体，其描写运作过程与甲图相同，结果是：

在蓝天白云下，辽阔的内蒙古草原上，到处都有茂盛的牧场、雪白的羊群、圆圆的毡包和马背上的牧民。

运用这一程序，亦可直接实施对"给依存态注入性状"描写句的阅读，从中透视出作家们创作该句的全过程。

演示二

已知，下面的文句是作家运用"给依存态注入性状"的方法描写创作的。

井冈山五百里的林海里，到处都是茅竹。

在阅读的基础上，先识别说明文句结构的主干是什么依存态，其中所添的枝叶又是什么，是按照怎样的组合排列式表达成句的。

先就上述第一句的内容识别分析如下：

A. 在创作该句时，作者所立的主干依存态是：

　　该句中的依存态主体是"茅竹"，依体是"井冈山的林海"和"到处"，关联式为"是"。由此描写的物体依存态句是："井冈山的林海里，到处都是茅竹"。

B. 在创作该句时，作者所添的性状枝叶是：

　　仅给依体"林海"注入了性状态"五百里"，使其成为"井冈山五百里的林海"。

C. 在创作该句时，作者表达所用的组合排列范式为：

　　　　[（性状＋依体）] ＋ 关联式 ＋ 主体

在表达成句时，作者并没有对原有范式作出调整，所得的文句是：

　　　　井冈山五百里的林海里，到处都是茅竹。

请按照演示二的分析方法，说明下列文句结构的主干各是什么依存态，所添加的枝叶是什么，是按照怎样的组合排列式表达成句的。

① 天底下是一眼望不到边的稻田。
② 一股强大的寒流从西伯利亚袭来，迅速向南移动。
③ 在漆黑的夜色中，一支庞大的舰队迅速穿过了波涛汹涌的马六甲海峡。

第三节　依存态与性状态并列

依存态和性状态原本就是物体的基本状态，两者之间并无主次及大小之分，而是完全对等的。正是根据这样的对等性，人们能将它们相互并列，通过一个个句子描写出来。这便是除"依存态内注入性状"之外，把物体依存态与性状态共同描写的另一种方法。但是，由于被并列的性状态仅为依存态中的主体之态，能与之并列的也只有依存态中的一部分，即"（依体 あ 关联式）"。显然，这样的并列关系也可以借助下面的图示展现出来。

如果我们把上图中的"主体"与"态"组合排列，所生成的其实就是一个把物体"依存态"与"性状态"并列的基本范式，即：

$$\boxed{\text{主体　あ　［（依体　あ　关联式）　あ　性状五态］}}$$

也正是这个基本范式，既反映了自然物体之依存态与性状态之间的对等结构关系，也表明了把物体依存态与性状态作并列描写之语言文句的组合排列方式，因而具有把自然物体之意与人类语言直接沟通的功能，可以用来控制人脑的思维活动，以实现对自然物体的有效描写。但这样的描写又是灵活多样的，需通过对基本范式的活用实现。

活用的方法之一是按照范式的结构，在对物体的"主体"、"依存态（依体 あ 关联式）"及"性状五态"作出设定的基础上，再依据"五态选择定理"对其"性状五态"作出灵活选择，其具体的运作程序已在本章第一节有详细的叙述，尽可熟练运用。

活用的方法之二是，根据物体自身的特征和作者本人的写作意图，从上述基本范式中，分离出适宜于描写对象与内容的具体组合排列范式。那么，怎样实施这样的分离呢？可供选用的方法有如下几种：

1. 如果物体的性状态先于依存态而生成，或者性状态与依存态同时生成，则可从基本范式中分离出如下的具体范式实施描写，即：

$$主体＋[性状态＋（依体 \ \& \ 关联式）]$$

例如：

$$\xrightarrow[描写]{摄取} \begin{cases} 太阳＋[（白亮亮＋（天空＋射下）] \\ ＝太阳白亮亮的，从天空中直射下来。 \end{cases}$$

$$\xrightarrow[描写]{摄取} \begin{cases} 月儿＋[弯弯＋（挂在＋天空）] \\ ＝月儿弯弯的，就挂在天空中。 \end{cases}$$

2. 如果物体的依存态先于性状态而生成，则可从基本范式中分离出如下的具体范式实施描写，即：

$$主体＋[（依体 \ \& \ 关联式）＋性状态]$$

例如：

$$\xrightarrow[描写]{摄取} \begin{cases} "银光＋[（落在＋水面）＋闪闪发亮]" \\ ＝银光落在水面上，闪闪发亮。 \end{cases}$$

$$\xrightarrow[描写]{摄取} \begin{cases} "小草＋[（从土里＋钻出）＋（嫩＋绿）]" \\ ＝小草儿从土里钻出来，嫩嫩的，绿绿的。 \end{cases}$$

3. 如果依存态的生成引出了物体，物体的性状态又随后生成，则可从基本范式中分离出如下具体范式实施描写，即：

> (依体＋关联式)＋主体＋性状态

例如：

摄取描写 {"(池子里＋装满)＋水＋明晃晃的"
= 池子里装满了水，明晃晃的。

摄取描写 {"(天空＋布满)＋星星＋(亮晶晶＋光闪闪)"
= 天空布满了星星，亮晶晶、光闪闪。

尽管上述三种具体范式不同，所描写的物体也各自相异，由此创作出的文句也必然是多样化的，但都没有超越基本范式所设定的结构，因而就使得所描写出的物体之依存态与性状态总是对等并列的。因此，在深刻理解基本范式之含义的基础上，再正确地区分三种具体范式之间的差异及各自的用途，便可以对任何物体的依存态与性状态作出有效并列描写。该描写的方法程序是：

A. 观察判定物体特征，从三种具体范式中选取与物体特征相适应的任何一种，并对物体的"主体"、"依体古关联式"及"突出性状态"作出设定。

B. 在对其"主体"、"依体古关联式"分别作出认定的同时，再按"三定理"选取认定物体最突出的性状态。

C. 按照已经选定的具体范式，将认定结果组合排列，表达成句。

运用这一程序，可首先实施对物体依存态与性状态的并列描写。

—— 演示一 ——

已知，在下面甲、乙、丙三幅图中，每一图中都画有众多不同物体，每一个物体也都有其对等的依存态和性状态。如果把箭头所指的物体作为描写对象，该怎样思考运作，才能描写出它们各自相对等的依存态与性状态呢？请展示描写的运作过程及结果。

甲图　　　　　乙图　　　　　丙图

先描写甲图中的物体，其过程及结果如下：

A. 对于甲图中箭头所指的物体［🌸］来说，其依存态生成先于性状态。据此，可从基本范式中选取具体范式"主体＋［(依体ぁ关联式)＋性状态］"，并对其"主体"、"依体ぁ关联式"及"性状态"作出设定。

B. 按照上述设定，先认定主体为"花瓣"，依存态为"落在＋水面上"。再依"三定理"选取认定其性状声态为"低低的"、"轻轻的"。

C. 按照已选定的范式"主体＋［(关联式＋依体)＋(性状态)］"，将上述已认定的结果组合排列，表达成句，即：

甲图：花瓣＋［(落在＋水面)＋(轻轻的＋低低的)］
＝花瓣落在水面上，那声音轻轻的，低低的。

如此，再描写乙、丙图中的物体，其过程与上相似，结果分别如下：

乙图：油菜花儿＋［(开了＋黄澄澄)＋(遍地＋都是)］
＝油菜花儿开了，黄澄澄的，遍地都是。

丙图：(桑叶＋爬着)＋春蚕＋又白又胖。
＝桑叶上爬着几条春蚕，又白又胖。

运用这一程序，也可直接控制我们对"依存态与性状态并列"描写之文句的阅读，以透视出作家们创作该句的运作过程。其方法是：识别句中的"主体"、"依体ぁ关联式"及"性状态"各是什么；说明为什么要选择认定这样的性状态，又选取了怎样的具体范式。

演示二

已知，作家们描写物体创作的文句是："天的那边飞来了几只燕子，唧唧地叫着。"请在阅读的基础上，按照上述程序分析，以展现作家们的描写运作过程。

分析透视如下：

A. 该句中的主体是"几只燕子"，"依体＋关联式"是"天的那边＋飞来"，性状态是声态"唧唧地叫着"。

B. 作者之所以选择认定性状态为"唧唧地叫着"，是因为该声态对人的感受最强烈，能反映燕子特定时刻的特征，符合三定理的原则。

C. 作者所用的范式为"（依体＋关联式）＋主体＋性状态"，其组合排列以表达成句的结果如下：

（天的那边＋飞来）＋几只燕子＋（唧唧地叫着）

＝天的那边飞来了几只燕子，唧唧地叫着。

正是从这样的阅读分析中，不仅能获取句中传达的物体信息，也能透视出作家们描写物体的创作过程与方法，反过来又能促进我们的写作，何乐而不为。那么，下面所列的句子是否也是"依存态与性状态并列"的描写句？请按上述程序阅读分析，说明作家创作文句的全过程，就像演示二那样。

① 虎丘塔就坐落在苏州城北面的虎丘山上，看上去似乎有些倾斜。
② 一群大雁往南飞，一会儿排成了"人"字，一会儿又排成个"一"字。
③ 山林倒映在湖水中，湖光山色十分美丽。
④ 草地上盛开着各种野花，红的、白的、黄的、蓝的。
⑤ 车站的广场上挤满了人，黑压压的，一大片。

"给依存态内注入性状"和"将依存态与性状态并列"，虽然是不同的物体描写方法，但两者并不排斥，而且能互相融合，由此构成了将依存态与性状态作共同描写的第三种方法，那就是：在将依存态与性状态并列描写的同时，也可以给依存态内的要素注入性状描写。如此，就会有如下总范式生成，即：

（性状态＋主体）ぁ｛[（性状态＋依体）ぁ（性状度 ぁ 关联式）] ぁ 性状态｝

尽管这个范式的结构比以往任何范式都要复杂，但其基本的结构不过是以"将依存态与性状态并列"的结构作为主干，所谓"给依存态各要素注入性状"的描写也仍然是给这个主干增添枝叶。这就决定了其描写的运作方法仍然是先立主干，后添枝叶。也正是同样的原因，在具体描写时，需要从上述范式中分离出三种不同的具体范式，那就是：

> （性状态＋主体）＋｛[（性状态＋依体）お（性状度 お 关联式）]＋性状态｝
> （性状态＋主体）＋｛性状态＋[（性状态＋依体）お（性状度 お 关联式）]｝
> [（性状态＋依体）＋（性状度 お 关联式）]＋（性状态＋主体）＋独立性状态

三种范式不同，各有各的特点和用途，由此创作出的文句也不尽相同。但是，不管运用哪一种范式描写物体，其主干的各项内容是确定的，所要添加的枝叶则可有可无，一切由物体对象的特征及作者的意图而定。其具体的运作程序应该是：

> A. 观察物体，先从中区分设定出如下三项不同意义的内容：
>   a.（性状态＋主体）
>   b.[（性状态＋依体）お（性状度 お 关联式）]
>   c. 独立性状态
> B. 根据物体特征及作者意图，对上述设定内容作出选择认定如下：
>   a. 对"主体"名称必须认定，而对其所附的"性状态"可作灵活选择而确认：既可选择，也可不选择。
>   b. 对"依体"和"关联式"必须认定，而对它们的"性状"，可作灵活选择认定：既可选择，也可不选择。
>   c. 对"独立性状态"，必须按"三定理"选择认定。
> C. 依据物体自身特征及作者的意图，可从前述范式中选取最恰当的一种，将上述选择认定结果组合排列，表达成句。

运用该程序，首先可有效地控制对物体的描写。

演示三

已知，在下面甲、乙两图中，各画有众多不同的物体。这些物体不仅存在，也有各自鲜明的性状。如果把箭头所指的物体作为描写对象，该怎样描写它们的依存方式与性状特征呢？请按前述程序思考运作，并把所得文句展现出来。

甲图

乙图

先对甲图中箭头所指的物体实施描写，其过程及结果如下：

A. 观察物体，先从中区分设定如下不同意义的三项内容，即：
   a. （性状态＋主体）
   b. ［（性状态＋依体）ぁ（性状度ぁ关联式）］
   c. 独立性状态

B. 根据物体特征及作者意图，对上述设定内容作出选择认定如下：
   a. 认定该主体名称为"风"，并选择认定"风"的性状触态为"冷"，两者的组合排列为"（冷＋风）"。
   b. 认定该依体名称为"船舱"，对其性状态不再选择认定；将关联式认定为"吹进"，而对其性状度不作选择认定。因此，两者的组合排列为"吹进＋船舱"。
   c. 根据"三定理"，将主体的独立性状态选择认定为声态，即"呜呜地响"。

C. 根据该物体特征，取范式"（性状态＋主体）＋［（关联式＋依体）＋独立性状态］"，将上述认定结果组合排列，表达成句，即：

　　甲图：（冷＋风）＋［（吹进＋船舱）＋呜呜地响］
　　　　＝冷风吹进船舱，呜呜地响。

也正是按照同样程序思考运作，可将乙图中的物体描写为：

乙图：[（晴朗＋夜空）＋（布＋满了）]＋星星＋（亮晶晶＋光闪闪）
　　＝晴朗的夜空里布满了星星，亮晶晶，光闪闪。

运用该范式及程序，当然也能对我们的阅读实施有效控制，以便从作家们描写物体的文句中透视出作家们创作时的思考运作过程。其方法是：先将句中的范式写出，再依据 A、B、C 之程序想象叙述作家的创作过程。

演示四

已知，作家所创作的文句是："一层层白色的海浪滚动着，发出了轰隆隆的巨响，不断地涌向岸边的沙滩。"请在阅读的基础上，先写出其组合排列范式，再据此按程序说说作者的描写运作过程。

1. 该句所用的具体范式为：

（性状态 + 主体）+{（性状形态 + 性状声态）+[（性状度 + 关联式）+ 依体]}

2. 创造该句的运作过程是：

A. 在观察的基础上，作者先从物体中区分设定了如下三项内容：

　　a.（性状态 + 主体）
　　b.[（性状度 + 关联式）+（性状态 + 依体）]
　　c. 独立性状态

B. 根据该物体特征及作者用意，对上述设定内容分别作出如下选择认定：

　　a. 先将主体之名认定为"海浪"，再选择其性状形态及色态，并依次认定为"一层层"、"白色的"，最后将其组合排列为"一层层白色的 + 海浪"。

　　b. 将依体之名认定为"岸边沙滩"，不对性状态选择认定；将关联式认定为"涌向"，且选择认定其时间跨度"不断地"；最后组合排列为"（不断地 + 涌向）+ 岸边的沙滩"。

　　c. 对于独立性状态，作者选取认定了两项：一项为形态"滚动着"，一项为声态"发出了轰隆隆的巨响"。

C. 正是按照句中的范式，作者最终将上述选择认定结果组合排列，表达成题目所提供的句子，即：

一层层白色的海浪滚动着，发出轰隆隆的巨响，不断地涌向岸边的沙滩。

综上可知，既将物体之依存态与性状态并列，又在依存态内有选择地注入性状，是对物体描写的一种最全面的方法，由此创造的文句之内容及结构也是最丰富最完整的。这是因为，前面所有的描写方法，都被包含在其中。反过来说，从这一描写方法中，我们完全可以选择分离出其他四种描写方法。

运用前述方法，像演示四那样还可对更多的物体描写句进行阅读分析，从中透视出作者创作时的思考运作过程。请以下面各句为例，作进一步尝试：

① 崭新的衣服上划破了一道口子，足有半尺长。
② 清新空气迎面扑来，我感到一阵凉意。
③ 宽大的叶子上开了许多小孔，密密麻麻。
④ 一条踩得稀烂的路，弯弯曲曲，一直伸向远方。
⑤ 乌云黑沉沉的，布满了天空。

第四节　依存态链的性状层次

凡自然物体都有其各自的依存态和性状态。这就使得由众多不同且互相依存的自然物体所构成的依存态链总是呈现出其整体的性状特征，而这样的整体性状特征其实就是依存态链中诸多自然物体之各自性状态的总和。这一点，可通过对自然界的实际观察确认。

物体依存态链的整体性状需要用语言描写，且又只能通过对链中诸物体之性状态的逐个描写实现。但是，这样的描写并非只是对链中各物体之性状态的原版复制，而是人的创作。该创作的目标在于，使描写成文的依存态链之整体性状显现出有浓有淡、浓淡相间、互相映衬、重点突出的层次性，以便给读者留下其立体感的深度。而要实现这样的目标，唯一有效的手段就是，对构成依存态链的诸

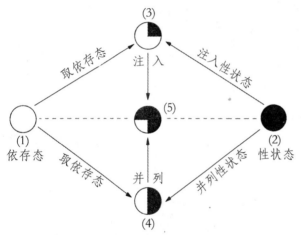

多不同物体分别实施各自相异的描写。其方法正是之前我们已经介绍过的方法，共有五种，且彼此关联，即如上面图中的五个不同符号所表示的那样，也有必要分别诠释如下：

"○"的含义是，对依存态链中的部分物体，只可取"独立依存态"描写，这叫做"素描"或"白描"。由此所造文句并无表现依存态链性状的作用，而只有表现依存态链结构的功能，即如下面链中的三个文句都是：

山脚下有一堵石崖［○］，石崖上有一道石缝［○］，寒号鸟就住在石缝里［○］。

"●"的含义是，对依存态链中的部分物体，只可取"独立性状态"描写，这叫做对性状的"纯描"。由此所造文句并无表现依存态链结构的作用，而只

有表现依存态链性状的功能，即如下面链中加横线的句子便是：

天底下是一眼望不到边的稻田。<u>稻子熟了，黄澄澄的一大片</u>[●]。

"◐"的含义是，对依存态链中的部分物体，可采取"依存态注入性状"的方法描写，这叫做对性状的"淡描"。由此所造文句具有表现依存态链结构与性状的双重功能，而且是前者重于后者。例如，下面链中加横线的句子正是如此：

<u>天底下是一眼望不到边的稻田</u>[◔]。稻子熟了，黄澄澄的一大片。

"◑"的含义是，对依存态链中的部分物体，可采取"依存态与性状态并列"的方法描写，叫做"浓淡相间之描"。由此所造的文句亦具有表现依存态链结构及性状的双重功能，而且是两者对等。例如，下面加横线的句子正属此类：

稻田的旁边有一个池塘。<u>池塘里装满了水，明晃晃的</u>[◑]。

"◕"的含义是，对依存态链中的部分物体，可采取"依存态与性状态并列加注入"的方法描写，叫做对存态链性状的"浓描"。由此所造文句亦具有表现依存态链结构与性状的双重功能，而且是后者重于前者。例如，下面加横线的句子即属此类：

大队人马已经（从草地上）过去了，<u>（这里）只留下一条踩得稀烂的路，弯弯曲曲，一直伸向远方</u>[◕]。

显然，如果真能运用上述五种方法对同一依存态链中的不同物体分别实施描写，所得到的结果就不只是描写文句的多样化，还能展示出所描写依存态链之性状的多层次性，即五层。如果再按照依存态链之性状从淡到浓的上升趋势依次排列，所描写依存态链性状的立体感之深度就显而易见了，如下图所示：

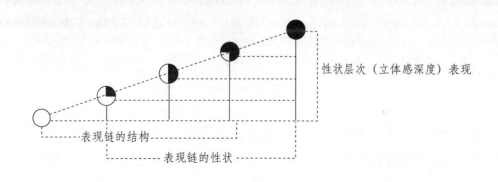

其实，作家们也正是运用上述五种方法描写依存态链之中诸多不同物体的，只不过需要作出具体的选择，其方法是：（1）针对所确定的依存态链诸物体，既可选取两种方法描写，也可选取三种或四种方法描写，还可用五种方法共同描写；（2）所描写的性状可浓可淡，或者浓淡相间。这一点，可通过下面的实例作出进一步具体说明。

例示一

山脚下有一堵石崖［○］，石崖上有一道石缝［○］，寒号鸟就住在这道石缝里［○］。石崖的前面有一条清清的小河［◐］，河水哗哗地流着［●］。小河的岸边有一棵白杨树，又粗又高［◑］。树上有一个鸟窝［○］，里面住着几只喜鹊［○］。

不难发现，这里描写的物体共有八个，但作者所用的方法却为四种，由此所展现的性状层次自然也是四层，其立体感的深、浅度是显而易见的，即如下图所表明的那样：

例示二

茫茫草海，望不到尽头［●］。大队人马已经（从草海中）过去了［○］，（这里）只留下了一条踩得稀烂的路，弯弯曲曲，一直伸向远方［◐］。

这里被描写的物体总共只有三个，但作者所用的方法各不相同，由此展现出的性状层次为三层，其立体感的深、浅度同样显而易见，即如下图所表明的那样：

但是，若将上述两例作一比较，就不难发现：二者所描写的物体不仅多少不同，其方法选择也各自相异。例示一虽然有四层，但总体上显得较淡；而例示二虽然只有三层,但总体上显得较浓。这就足以说明,尽管描写依存态链中诸物体有五种确定的方法,但作者的选择却是灵活的,由此所展现出的依存态链整体性状便是多样化的。

人之所以能对描写方法作出灵活选择,那是由两种基本因素决定的:一是自然依存态链原本就是多样化的,这就使得人必须按照不同的依存态链对其描写方法作灵活选择;二是作为描写实施主体的人,也会因其个性的差异而对描写方法作出多样化的灵活选择。即便是针对同一个依存态链,由同一位作者描写,其对方法的选择也会因时因地而变,或因不同的主观需要而变。这就是说,在五种描写方法确定的情况下,人对它们的灵活选择是普遍的,应该受到尊重。然而,无论情况如何变化,人对描写法的选择怎样灵活,所被描写成文的依存态链性状即使是多么不同,都必须服从此描写所要达到的基本目标,那就是必须具备有浓有淡、浓淡相间、互相映衬、重点突出的多层次性,使读者能借此感受到依存态链性状的立体感。为此,根据作家们写作获得的共识,提出如下选择定理,供初学者借鉴运用:

> Ⅰ.凡给人感受最强烈、最能激发人之情感或与人关系最密切的少数或个别物体,可被视为重点物体。凡这样的重点物体,应选取"●"或者"◐"的方法实施描写,以突出重点。
>
> Ⅱ.凡给人感受较强烈,且能激发人之感情的部分物体,可被视为重要物体。对于这样的重要物体,可选用"◕"或者"◐"的方法实施描写,以在展示其个性的同时,映衬重点物体。
>
> Ⅲ.凡对依存态链具有结构作用而必不可少的部分物体,可视为必要物体。对这样的必要物体,可选用"○"或者"◔"的方法实施描写,既展示依存态链的结构特征,又对重要物体起到映衬作用。

这就是说,所谓人对描写方法选择的灵活性原本是受上述定理控制的。否则,这样的灵活性就会异化为"随意性",其所导致的描写便是开无轨电车。相反,也正是由于作家们都能在上述定理的控制下对描写方法作出了灵活选择,所实施的描写才不至于脱离描写的基本目标。如在例示一中,作者之所以选用"●"的方法描写物体"水",一方面是因为在山林中,流水的声音给人的感受最强烈,另一方面是因为"水"与人的关系很密切。其次就是"树",再次就是"小河"。至于"石崖"、"石缝"、"寒号鸟"、"鸟窝"、"喜鹊",在作者看来,那不过是只对依存态链起结构作用的必要物体了。又如在例示二中,作者之所以选用"●"及"◐"的方法分别描写物体"草海"和"路",不仅是因为该"草海"和"路"的性状态能给一位掉队的红军伤员以强烈感受,更因为它能引发该伤员"无望"的情绪,尤其还关系着该伤员能否走出草地且赶上主力部队的前途命运。至于"大队人马",只对"路"起反衬作用,因而也只能用"○"的方法描写。

掌握了物体依存态链性状描写的五种基本方法,懂得了这些方法之间的不同层次及互相映衬的功能作用,又能按上述定理把握描写方法的选择,就可以实施对依存态链性状的描写了。但对初学者来说,还应该运用下述程序思考运作:

> A. 先对依存态链的结构作出观察设定。具体地说,就是在对自然物体依存态链观察的基础上,先从中摄取选择构成依存态链的诸物体,再认定各自名称。然后,按照该链的结构,将这些物体名称组合排列,并画出结构图。
>
> B. 再对不同物体的不同描写方法作出选择。即在对链中诸物体作出比较的基础上,根据"三定理"对其各自的描写方法作出选择确认,并以图式标明。
>
> C. 最后,对依存态链实施描写。就是沿着上述确定的组合排列顺序及描写方法,对链中诸物体依次描写,表达成文。

对物体依存态链及其性状实施有效描写,应该是此思考运作程序的首要功能。

演示一

已知,下面图中所画的正是我们生活中常见的景象。在该景象中,不仅有众多不同的物体,其所构成的依存态链及其性状也是不难被我们感受到的。那么,如果我们要用语言文字再现出这样的依存态链及其性状层次,该如何描写呢?

可按照前述"程序"思考运作，其过程及结果如下：

A. 在观察的基础上，先获得一个依存态链的构思。然后，从中摄取诸多不同物体，并依次排列，分别认定它们的名称，如下图所示：

（1）古镇 ——→（2）山 ——→（3）石崖 ——→（4）洞 ——→（5）佛像

（6）河 ——→（7）水

（8）树 ——→（9）窝 ——→（10）喜鹊

B. 在对上述物体作出分析对比的基础上，按"三定理"将它们加以区分，并给每一物体选择出具体描写方法，如下图所示：

（1）古镇 ——→（2）山 ——→（3）石崖 ——→（4）洞 ——→（5）佛像

（6）河 ——→（7）水

（8）树 ——→（9）窝 ——→（10）喜鹊

C. 按照上述顺序及方法，对链中诸物体依次实施描写，其过程及结果如下（描写从"山"开始）：

　　古镇的后面就是很大的山。起伏的青山一座连着一座，一直伸向远方。山脚下有一堵石崖，石崖上有一个很大的石洞。石洞的石壁上雕刻着一尊佛像，距今已经有一千多年的历史了。

　　石崖的前面有一条小河，清清的河水哗哗地流着。小河的对岸有一棵高大的白杨树，树上有一个鸟窝。一只喜鹊从窝里飞出来，越过小镇的上空，嘎嘎地叫着。

演示二

在我国南北相交的中部地区，常常可以见到如下图所画的秋天景色。为了把这样的秋景秋色展现出来，让人们感受，需要用语言文字将其中的依存态链及其性状作一番描写。那么，怎样描写才会使人们有真实的感受呢？

可按前述程序思考运作，其过程及结果如下：

A. 在观察的基础上，先获得一个依存态链的构思。然后，从中摄取诸多不同物体，并依次排列，分别认定它们的名称，如下图所示：

B. 将上述诸物体作比较，从中区分出重点物体、重要物体及必要物体，并

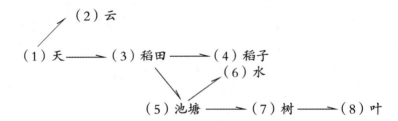

按"三定理"对诸物体的描写方法作出选择确认，如下图所示：

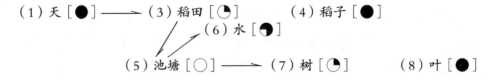

C. 最后，按上述所确定的顺序与方法，对该链中的物体作逐一描写，其过

程及结果如下(从"天"开始):

天,是那么高,那么蓝。蓝蓝的天空飘着朵朵白云。天底下是一眼望不到边的稻田。稻子熟了,黄澄澄的,一片连着一片。稻田的旁边有一个池塘。池塘里装满了水,明晃晃的。池塘的岸边有一棵高大的梧桐树。树叶又宽又大,已经黄了。

此程序还可以用来对我们的阅读实施有效控制。其具体方法是:(1)先在阅读描写文段的基础上,区分出诸物体的名称,再将这些名称的排列顺序用结构图画出,最后用符号注明每一物体的描写层次的方法。(2)在此基础上,或者按程序叙述作者描写的运作过程,或者就每一物体采用的描写层次及理由作出回答。

演示三

先阅读下面一段文字,看其所描写的内容是否为物体依存态链,并感受该链所展现出来的性状层次:

在我国台湾省台中市的附近,有许多山。山谷中有一个不大的天然湖。湖水很深,平静得像一面镜子,绿得像一块碧玉。湖四周的山坡上,长满了层层密密的树木。山林倒映在湖水中,湖光山色,十分美丽。湖的中央有一个小岛,把湖水分成了两半。一半圆圆的,像太阳,叫日潭;一半弯弯的,像月亮,叫月潭。两潭湖水相连,它中间的小岛就像一颗璀璨的明珠。

1. 在阅读基础上,先将链中诸物体的名称、描写方法层次及其间的组合排列方式,用下面的图展示出来。

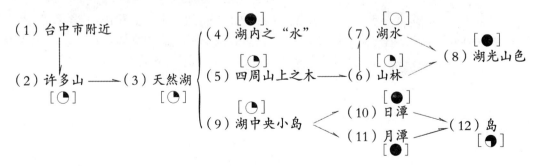

2. 画出了图示，就等于说明了程序中的 A、B、C，表达就不成问题。但是，要真正说明作者的思考运作，还需对下列问题作出有效回答：

用"●"之方法描写的物体有哪几个？为什么要用此层次方法？

用"◐"之方法描写的物体有哪几个？为什么要用此层次方法？

用"◑"之方法描写的物体有哪几个？为什么要用此层次方法？

用"◔"之方法描写的物体有哪几个？为什么要用此层次方法？

用"○"之方法描写的物体有哪几个？为什么要用此层次方法？

作者为什么要用上述五种层次方法分别描写不同物体，所产生的总体效果如何？如果只用其中的某两种方法，所产生的总体效果又如何？显然，如果真能对上述问题作出圆满回答，所能证明的，就不仅仅是体会到了作者选择描写多层次方法的用意，也更是对"三定理"的理解。

上述文段所描写的依存态链之中，无论是其结构，还是整体性状层次，都十分明显。如果再把这样的结构及性状层次还原为如同前述的图示，就等于透视出了其作者思考运作的过程与方法。也正是凭借这样的运作过程与方法，才能实现初学者与作家们的思想沟通。

运用上述方法，可以对任何一段"依存态链及其性状"描写文字作出有效的阅读分析。请再作一次尝试，或许会有更多的收获：

　　从万寿山下来，就是昆明湖。湖水平静得像一面镜子，绿得像一块碧玉。水面上布满了各式各样的游艇，来来去去，慢慢地划着。湖的四周是长长的湖堤，湖堤的两旁长满了数不清的垂柳。柳枝上已经发出了淡绿色的嫩芽，十分好看。湖的中央有一个小岛，上面长满了茂密的树木和花草，绿荫丛中还露出了宫墙的一角。就在小岛和湖堤之间，有一座长长的白石桥。桥的下面有十七个孔，就叫做十七孔桥。桥面很宽，它的两边各有一排石栏杆。栏杆上有一百多根石柱，每一根石柱的顶端还雕刻着一个小巧玲珑的石狮。它们千姿百态，形象各异，就像活的一样。

静态与动态描写

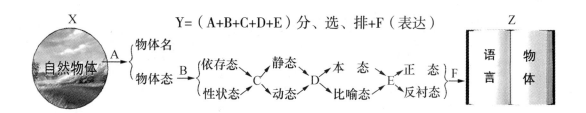

> **小知识**
>
> "静态"与"动态"的引入
>
> 什么是"静态"与"动态"？所谓"静态"与"动态"，并非物体自身的独立之态，而是依存态及性状态之各自的静态与动态。换言之，离开了依存态及性状态，静态与动态就没有意义。
>
> 静态所表现的是依存态或性状态的稳定特征，动态所表现的是依存态或性状态的运动变化方式。
>
> 从思维的角度讲，静态与动态是一组相对概念。这是因为，没有静态就无所谓动态，没有动态也无所谓静态。
>
> "静态"与"动态"的描写
>
> 静态与动态的区分确认反映了客观实际，因而要用语言描写。这样的描写依然是多层次的。
>
> 一是可只针对独立物体的依存态或性状态描写。就物体的依存态而言，有时只写其静态，有时只写其动态；就物体的性状态而言，既可只写其静态，也可只写其动态，还可以对多项性状态分别作出有静、有动的描写。而在依存态与性状态相结合的时候，不仅可全写静态，也可全写动态，还可分别区分静与动，作出有静、有动的描写。
>
> 二是静态与动态的区分描写也表现在众多不同物体的组合上。这是因为，众多不同的静态（主要是依存态）物体，互相依存，可构成静态链，由此呈现的是一个静态的画面景象。而众多不同的动态物体，互相作用，彼此关联，又可构成动态链，由此呈现的则又是一个动态的过程。

第一节　物体的静态与动态

如右图所画[☾]，月亮是人人举头可见的一个自然物体，其依存态和性状态都不难确认。然而，当我们在长短不等的时间段里分别观察时，无论是其依存态，还是其性状态，均各自相异，那就是：短时间段里所观察到的依存态与长时间段里观察到的依存态不同；长时间段里所观察到的性状态与短时间段里观察到的性状态也大有区别。如下图所示：

● 区分设定 { "物体名"（月） / "物体态" } 区分设定确认 { 依存态 { 几分钟观察，呈现为："挂在西边的天空。" / 半小时观察，呈现为："从西边的天空渐渐地落下去。" } / 性状态 { 一两天内，呈现为"圆圆的"或者"弯弯的"。 / 十天半月，呈现为"渐渐地圆了"或者"渐渐地弯了"。 } }

如果把上述两种依存态作比较，其间的不同在于前者是静止的，后者是运动的；如果把两种性状态作比较，其间的差别在于：前者是稳定的，后者是变化的。月亮如此，其他物体亦然，这也是在大量观察的基础上证明了的。只是物体不同，观察所用时间段的长短各异。例如，月亮由"弯"到"圆"的变化需要十五天时间，喜马拉雅山由"低"到"高"的变化则经历了几十万年以至几百万年，而一个电灯泡的"明"与"暗"之变化则在一瞬间。这就是说，任何物体的态，包括依存态和性状态，既能呈现出静止与稳定，也能呈现出运动与变化。据此，我们就把那些静止或稳定的状态叫做静态，而把那些运动或变化的状态叫做动态。其实，这样的静态和动态，并不是物体自身的两种独立状态，而仅仅是物体之依存态或者性状态的静态和动态。因此，如果我们要确认物体的静态和动态，就必须先对其依存态或者性状态作出确认，其运作的程序可图解如下：

显然，对于前述的月亮之静态和动态，就是依据此程序运作确认的。如果离开了这个程序思考运作，就不能先将物体区分为"物体名"和"物体态"，也无法再将该"态"区分设定为"依存态"和"性状态"，因而也就无从进一步确认依存态或性状态的静态和动态。那么，对于下图所画的物体，你能否按照这个程序思考运作，从而确认出它具体的静态和动态呢？这里不妨一试：

物体的静态和动态也需要用语言描写出来。描写的目的在于：既展示它在静止或稳定时的突出特征，又表现它的运动与变化方式。只有这样，我们才能把自然物体表现得更全面、更丰富、更具体、更真实。反过来说，也正是为了达到这样的目的，我们就不能不对自然物体的静态和动态作出有效的描写。但是，这样的描写又是在依存态及性状态描写的诸范式之内选择实施的，需要作出分门别类的说明。

1 对独立依存态［○］的静态与动态作出区分选择与描写

独立依存态的基本范式为"主体 あ（依体 あ 关联式）"。它的静态与动态，是通过范式中的"关联式"集中展示的。若关联式静，则依存态为静态；若关联式动，则依存态为动态。例如，在"月亮挂在天空中"这句内，由于其关联式"挂"为静止，其依存态就是静态；而在"月亮从西边的天空渐渐地落下去"一句内，由于其关联式"渐渐地落下去"为动，其依存态就是动态。如此，这样的描写应有三种，可分述如下：

1.1 只选择描写物体依存态的静态 此时,所生成的基本范式应表述为"主体 ぁ(依体 ぁ 静止关联式)"。这也正是我们在前述第一章所描写的大多数依存态,这里不妨再列举若干。(静态用"＿"标示)

① 远处的镇海塔就<u>屹立在</u>江边。
② 我的家乡嘉兴市,就<u>位于</u>沪杭铁路的中段,长江以南的杭嘉沪平原上。
③ 秦岭西北部太白山上的远峰、松坡,渭河下游平原上的竹林、村庄、市镇,都<u>笼罩在</u>茫茫雨雾中了。
④ 中山桥就<u>横跨在</u>黄河上,把南北两岸连成一体。
⑤ 井冈山五百里的林海里,<u>到处都是</u>茅竹。
⑥ 我家的后面<u>有</u>一个很大的园,相传叫做百草园。
⑦ 在俄罗斯圣彼得堡的西北面,<u>有</u>一个不大的天然湖,叫拉兹里夫湖。

1.2 只需描写物体依存态的动态 此时,所生成的基本范式应当被表述为"主体 ぁ(依体ぁ运动关联式)"。这也正是我们本章中所要重点描写的依存态,亦需列举若干,以引起重视。(动态用"…"标示)

① 一只青蛙从草丛里爬出来。
② 月儿钻进了云层里。
③ 火箭离开了发射架,飞向天空,穿过大气层,进入了预定的轨道。
④ 天的那边飞来几只燕子。
⑤ 叶子上开了许多小孔。
⑥ 珊瑚虫的身上不断地分泌出一种物质,叫石灰质。
⑦ 教室的窗户里,传来了孩子们的读书声:"春天来了"。

1.3 要将同一物体的静态依存态及动态依存态分别描写在一句之中 在这种情况下,所生成的范式应为"主体 ぁ[(依体 ぁ 静态关联式)ぁ(依体 ぁ 运动关联式)]"。例如:

① 苹果<u>挂在</u>枝头上,随风摆动。
② 一只飞蛾从那边扑过来,<u>沾在</u>网上。
③ 一架直升机从南面飞来,就<u>停在</u>草地上空。

④ 两只熊猫就坐在飞机的后舱里，离开了成都，飞向台北。

2 对独立性状态［●］的静态与动态作出区分选择与描写

独立性状态的静态与动态，其实为形态、色态、声态、味态、触态之各自的静态与动态。静态呈现着某一时刻物体之稳定性状特征，如前面例子中"圆圆的"或者"弯弯的"就是月亮在特定时刻的一种稳定形态，可看作静态。而动态则呈现出某一时段（无论长短）内的性状态变化，包括变化开始、变化结束及变化从开始到结束的全过程。如前面例子中的"渐渐地圆了"或者"渐渐地弯了"，就是月亮在特定时段内形成的变化过程。如此，其变化开始可描写为"开始变圆"或者"开始变弯"，其变化结束可描写为"已经变圆了"或者"已经变弯了"。所谓物体性状的静态与动态描写，都是用三个不同范式组合排列的，即："性状＋物体名"、"物体名＋性状"和"性状＋物体名＋性状"。在描写时，在同一句子内，既可只选写其静态，也可只选写其动态，还可以将不同性状之静态与动态分别描写。

2.1 只选取描写物体性状的静态　这种情况下，上述三个范式可被分别表述为："性状静态＋物体名"、"物体名＋性状静态"及"性状静态＋物体名＋性状静态"。例如：

　　肥胖的黄蜂　　　紫色的桑葚　　　寂静的山村
　　软绵绵的被褥　　光滑的石井栏　　高而远的天空
　　春风暖洋洋的　　天是那么高，那么蓝　　绿油油的白菜一片连着一片

2.2 只选取描写物体性状的动态　这种情况下，其所用范式可被分别表述为："性状动态＋物体名"和"物体名＋性状动态"两种。例如：

　　波涛滚滚的江水　　闪闪发亮的星星
　　哒哒哒的马蹄声　　刺骨的寒风
　　天气渐渐地凉了。
　　稻子熟了，散发出一股股的香味儿。
　　地里的泥土解冻了，踩在脚下，一软一软的。

2.3 可将物体静态的性状与动态的性状分别描写于一句之中　此时，静态与动态是指物体不同性状的静态与动态。描写时，范式"性状＋物体名"

不适应,其他两个范式可被明确表述为"物体名+(性状静态あ性状动态)"、"静态性状+物体名+(性状静态あ性状动态)"。例如:

① 稻子熟了,黄澄澄的,一片连着一片。
② 地里的泥土解冻了,踩上去软绵绵的。
③ 天山的群峰,起伏连绵,银光闪闪。
④ 寒冷的西北风呼呼地刮着。
⑤ 一层层白色的海浪涌动着,发出了阵阵轰隆隆的巨响。
⑥ 白色的海浪一层层,涌动着,发出了阵阵沉闷的巨响。

3 给依存态注入性状 [◐] 的静态与动态之描写

在此描写中,由于依存态是主干,所注性状是枝叶,其静态与动态的区分识别就有两层,那就是:先将其依存态区分为静态与动态,再分别区分各自所注性状的静态与动态。

3.1 给静态依存态注入性状的静态与动态描写 此描写的依存态范式原为"主体あ(依体あ静态关联式)"。对于该式中的"静态关联式",如有必要,可注入静态的性状度。对于该式中的"主体"和"依体",若有必要,注入的性状态既可以是静态的,也可以是动态的。这一点,可通过下述例句加以印证:

① 雄伟高大的人民英雄纪念碑,就矗立在广场的中心,与天安门城楼遥遥相对。
② 我家的后院有一个很大的园,相传叫做百草园。
③ 苍黄色的天底下,远近横着几个萧索的荒村。
④ 波浪滚滚的江水中,九个巨大的桥墩巍然屹立,稳稳地托住了桥身。

3.2 给动态依存态注入性状的静态与动态描写 此描写范式原为"主体あ(依体あ动态关联式)"。对于该式中的"动态关联式",如有必要,既可注入动态性状度,也可注入静态性状度。对于式中的"主体"或"依体",有必要注入的性状态大多为静态,有时也有动态的。此点可从下面例句得到印证:

① 蓝蓝的天空飘着朵朵白云。
② 冷风吹进船舱。
③ 天的那边飞来几只黑色的燕子。

④ 花瓣轻轻地落在水面上。

⑤ 汹涌的江水猛烈地冲击着堤岸。

⑥ 在我国的华东地区，两万米上空，突然出现了一个奇怪的飞行物，那就是美国制造的一架"U-2"型高空侦察机。

⑦ 一只野兔从陡峭的山崖上滚下来，"扑通"一声掉进了黄河，随着滔滔的河水向东飘去。

3.3 给静、动搭配的依存态注入性状之静态与动态的描写 有时，虽然一个物体的数个依存态各有静、动，其描写的依存态也静、动搭配，但性状的注入描写方法仍然不超越上述的两种方法。例如：

① 树上长满了柔嫩的枝条，在微风中缓缓地摆动着。

② 树上落下来几片黄叶，有的落在岸边草地，有的随风在空中打了几个旋儿，轻轻地落在水面。

③ 一块儿巨大的山石从山坡上一跃一跃地滚下来，在公路上翻了几个滚儿，稳稳地躺在那里。

④ 在茫茫夜色中，有一支庞大的海军舰队，迅速地穿过了波涛汹涌的马六甲海峡。

如果把上面的方法加以总结，那就是两句话：在关联式的静、动确定之后，静态关联式注静态性状度，动态关联式注动态性状度。至于主体或依体，一般注入静态性状态，有时也注入动态性状态。给主体、依体所注入的动态性状态有时也可以被视为静态的，叫动态静写。

4 依存态与性状态并列 [◐] 的静态与动态描写

此种描写，由于依存态中的"(依体ぁ关联式)"与"性状态"对等，其结构方式只有一层，描写方法却有如下三种：

4.1 相并列的依存态与性状，有时均为静态 其范式为：主体ぁ[(依体ぁ关联式)静态ぁ性状静态]。例如：

① 月儿圆圆的，就挂在天空中。

② 池塘里装满了水，明晃晃的。

③ 山坡上盛开着各式各样的野花，红的、白的、黄的、蓝的、紫的。

④ 乌云布满了天空，黑沉沉的。

4.2 并列的依存态与性状态，有时均为动态

此描写的范式为：主体 ぁ〔（依体 ぁ 关联式）动态 ぁ 性状动态〕。例如：

① 乌云越积越多，越多越黑，从天空中压下来。
② 天空积起了乌云，越积越厚，越厚越黑。
③ 太阳从云层里钻出来，射出了万道金光。
④ 花瓶摔在地上，只听见"啪"地一声，成了碎片。
⑤ 一群大雁往南飞，一会儿排成个"人"字，一会儿排成个"一"字。

4.3 并列的依存态与性状态可静、动搭配

此描写的方式有两种：静态性状态与动态依存态搭配，动态性状态与静态依存态搭配。例如：

① 乌云黑沉沉的，从天空中压下来。
② 小草儿偷偷地从土里钻出来，嫩嫩的，绿绿的。
③ 银光落在水面上，闪闪发亮。
④ 小狗儿趴在地上，汪汪地叫着。
⑤ 花瓣儿落在水面上，那声音轻轻的，低低的。

5 依存态与性状态并列又注入〔⊙〕的静态与动态描写

这样的描写实为前述两种描写的结合。但是，由于"依存态与性状态并列"是句子的基本结构方式，可视为主干，注入式不过是给主干上增添枝叶。因此，要识别区分描写其中的静态与动态，仍需坚守先抓主干再添枝叶的原则。而且，主干部分按主干描写的方法实施，枝叶部分按枝叶描写的方法实施。例如：

① 冷风吹进船舱，呜呜地响。
② 细密的雨点儿洒落在树叶上，沙沙地响。
③ 一层层白色的海浪涌动着，向岸边的沙滩扑过来，发出了隆隆的巨响。
④ 大漠孤烟直。
⑤ 长河落日圆。
⑥ 嫩绿的桑叶上爬满了春蚕，又白又胖。

⑦吹面不寒杨柳风。

⑧起伏的青山一座挨着一座，伸向远方，消失在茫茫的暮色中。
（这里的"伸"与"消失"属于静态动写）

⑨草海中只留下了一条踩得稀烂的路，蜿蜒曲折，一直伸向远方。
（这里的"留"、"伸"属于静态动写）。

综上所述，尽管我们对物体之静态与动态的描写异常灵活，所造文句纷繁多样，却无一不是对依存态或性状态的静态与动态的描写。这就使得静态与动态的描写范式都没有超越依存态及性状态的描写范式。所谓静态与动态的选择确认及描写也只能在依存态和性状态描写的诸范式之内实施，只是其态的含义更丰富，表现功能更齐备。因此，运用物体之态多重区分的结构方式，也可以将物体描写的多角度、多层次方法展示出来。图示如下：

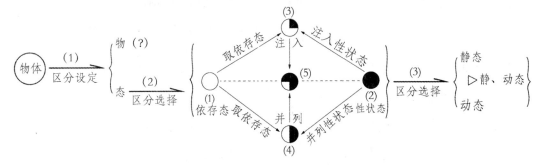

记住了这一图示的结构，理解了其中的含义，就等于把之前所学的物体描写方法全部储存在了我们的大脑中，使大脑成为一个方法库。如果需要对某一物体作出准确而切实的描写，就可以根据被描写物体的特征及作者的意图，从这样的方法库中选择调取适宜的方法实施描写。其实，这样的方法调取与描写并不难，关键在于要按照如下的程序进行多层次的思考运作：

A. 依据被描写物体的特征和作者自己的意图，从上述方法库中选择调取最恰当的方法并区分设定，其操作程序为：

a. 先将被描写物体区分设定为"物体名"和"物体态"，认定物体名；

b. 再将选态描写方法区分设定为"〇"、"●"、"◐"、"◑"、"◒"五种，从中选择一种最恰当的方法；

c. 将所选方法中设定的"态"区分设定为"静态"与"动态"后实施选择，或者取其静态，或者取其动态，或者取不同态之静态与动态的搭配。

B. 对所选取的"物体态"分别作出恰当的语言认定（词或词组）。

C. 按照所选方法（或"○"、或"●"、或"◐"、或"◑"、或"◓"）与"物体名"的结构特点，确定范式，将所选之态与物体名组合排列，表达成句。

上述运作程序似乎有些"麻烦"，但它反映了物体描写过程中人脑活动的必要思维方式及过程，只要经过必要的训练就不难把握，最终形成的则是物体描写及语言生成的思维机制。所谓人的"灵感"与"创作"，也只能在这个过程中生成。那么，怎样实施这样的思考运作之训练呢？

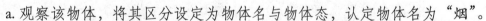

演示

右图中，如果把箭头所指的那个物体作为我们的认识描写对象，那么该怎样描写才能比较全面、形象、逼真地展现出它的特征呢？

可按上述 A、B、C 的程序运作，其过程与描写结果依次是：

A. 根据该被描写物体的特征及作者意图，调取描写方法并作区分设定：

 a. 观察该物体，将其区分设定为物体名与物体态，认定物体名为"烟"。

 b. 根据"烟"的特征，可从方法库中选择调取"◐"之方法。如此，所要描写的物体态被区分设定为两层：其互相并列的主干之态为依存态、三个性状形态及另一个依存态，给"烟"注入的性状态依次是色态和形态。

 c. 将上述诸态分别区分设定为静态与动态，依次作出选择：就主干而言，第一个依存态取动态，三个性状形态均取动态，后一个依存态取静态；就给"烟"注入的性状态而言，其色态和形态均取静态。

B. 将上述区分设定且选择的态用语言依次认定如下：

把给"烟"注入的两个性状态的静态依次认定为"黑沉沉"及"浓"；把主干的第一个动态依存态认定为"从烟囱里冒出来"，把主干的三个动态形态依次认定为"翻腾着，滚动着，渐渐地散开"，把后一个静态依存态认定为"笼罩在苑川河下游的天空"。

C. 先取范式"（性状态＋主体）＋（动态依存态＋三个性状动态＋静态依存态）"，再将上述认定结果组合排列，表达成句如下：

　　黑沉沉的浓烟从烟囱里冒出来，翻腾着，滚动着，渐渐地散开，笼罩在苑川河下游的天空。

既然作家们用A、B、C的程序操作创作了上述文句，那么类似的文句之中也一定凝结着作家们必要的操作过程，只是在以往未能被我们看出来。如今，运用上述有关物体描写方法和A、B、C的程序，就一定能从作家们创作的物体描写文句中透视出文句组合排列的具体范式，并能想象出作家们创作该文句时的描写方法及选调过程。这里不妨一试。

阅读下面的句子。每阅读一句后，完成相应的两个任务：（1）写出该文句所用的具体范式。（2）透过该范式，想象说明作家创作该句时所实施的选调过程与描写方法。

① 天上的云彩黑了，地上的雨点儿大了。
② 山丹丹开花红皎皎，香香人才长得好。
③ 夕阳西下，断肠人在天涯。
④ 两个黄鹂鸣翠柳，一行白鹭上青天。窗含西岭千秋雪，门泊东吴万里船。
⑤ 井的旁边立着一座大石碑，碑上刻着十四个大字："吃水不忘开井人，时时想念毛主席。"
⑥ 吹面不寒杨柳风。
⑦ 茫茫草海，望不到尽头。大队人马已经过去了，只留下一条踩得稀烂的路，蜿蜒曲折，一直伸向远方。
⑧ 整个兰考大地都浸没在一片迷蒙的雪雾中，看不见人影，听不见人声，只有枯草在寒风中抖动。

第二节 静态链与动态链

在自然界或者我们生活环境的每一处及每一时刻都能发现并确认众多的物体。这些物体的性状各自相异,却又互相依存,彼此关联,由此构成的整体就叫做物体的依存态链。这样的依存态链当然也能用语言描写出来,描写的方法可参见第一章第三节及第二章第四节,其结果多种多样,这里不妨再举一例。

如右图所画,这是取自北方乡间的一个真实景象。画中的物体众多而不同,彼此关联,共同构成了一个很复杂的依存态链。有人作出了如下描写,表达为甲、乙两段文字:

甲:过了小石桥,就是一个不大的乡间市镇。镇里住着百十来户人家,大多数人都姓康,就叫康家镇。镇子的北面连着一座光秃秃的山,山脚下有一堵石崖,石崖上有一道"之"字形的石台阶。顺着石阶上去,就有一个石洞,里面雕刻着一尊石佛像。石崖的前面有一条小河,河水从石桥下流过,哗啦啦地响。小河的对岸有一棵高大的白杨树,上端的枝叉里有一个鸟窝,喜鹊就住在这个窝里。

乙:一阵秋风吹来,树上落下了几片黄叶。有的落在岸边的草地上,随风翻动,打了几个旋儿;有的落在小河的水面上,一起一伏,顺流漂去。忽然,一辆红色的小轿车从西边开来,跨过小桥,向镇子里冲去,嘟嘟嘟地叫个不停。喜鹊听见了,立刻从窝里飞出来,盘旋在镇子的上空,嘎嘎地叫着。

如果我们把甲、乙两段文字所描写的内容作比较,其间的异同是显而易见的。相同之处是两段文字所描写的众多不同物体均出自于图中的景象,而且彼此关联,都呈现出依存态链的结构。相异之处则在于:甲段文字所描写的诸物体之依存态大多数为静态,由此构成的依存态链呈现为一个静态的

"画面"；乙段文字所描写的诸物体之依存态大多数为动态，由此构成的依存态链呈现为一个动态"过程"。这就是说，不仅独立物体的依存态有静态与动态之分，由众多物体共同构成的依存态链也有静态与动态之别。据此，我们便把由众多物体相互依存且彼此关联而构成的依存态链又进一步区分为静态链与动态链。

在第一章第三节中，我们所讲的物体依存态链仅有静态链，它的结构特点及描写方法早已为我们掌握，这里不再赘述。那么，动态的依存态链又有怎样的结构特点，我们又如何描写呢？

1 物体动态链的结构要素及描写方法

物体动态链，主要是由众多不同的独立动态物体为要素构成的，其中静态物体占极少数。确认动态物体的方法是：对于任何一个物体的依存态及性状态，只要其中的任何一种态是动态的，该物体就是一个动态物体。对于构成动态链的诸动态物体要素，一般有下面的三种描写方法：

1.1 只选取动态物体中的运动或变化的依存态作描写，以充当动态链描写的结构要素　此时其基本的结构范式为"主体 あ（依体 あ 动态关联式）"。该式中的"主体"是确定的，只有一个。而"依体 あ 动态关联式"则是不确定的，有的只有一个，有的却依次为两个或两个以上。这就使得其描写范式也是多样化的，即：

甲：主体 あ（依体 あ 动态关联式）
乙：主体 + [（依体 あ 动态关联式）$_1$ + （依体 あ 动态关联式）$_2$ + ……]

究竟要用哪个范式描写动态物体，那是由作者决定的：一是根据物体自身的动态特点，二是反映作者自己的描写意图。描写时，是否给主体、依体及关联式附加性状，都不会影响物体动态性的特点，可依具体情况灵活而定。

例如：对于下面图中的两个物体，就需要分别用甲、乙两式作不同描写。

甲图：树上落下几片片黄叶。
乙图：一只青蛙从草丛里钻出来，慢慢地爬向小河的岸边。

甲图　　　　乙图

再如：对于以下四幅图中动态的物体，就只能用乙式作出全面的描写。

丙图：火箭离开了发射架，飞向天空，穿过厚厚的大气层，几分钟后就进入了预定的轨道。

丙图

1.2 只选取动态物体中的运动及变化的性状态作描写，以充当动态链描写的结构要素　此时，其基本结构范式为"物体名 ☆ 性状动态"。但是，该范式中的"物体名"显然只有一个，而"性状动态"则既可能只有一个，也可能有两个或两个以上。这就使得其范式又呈现出多样化，即：

> 甲：物体名 + 性状动态
> 乙：物体名 + （性状动态$_1$ + 性状动态$_2$ + 性状动态$_3$ + ……）

至于什么时候选用甲式，什么时候选用乙式，其依据及方法与前述"动态依存态"的描写无异。

例如，对于下面两幅图中的不同物体，就需用甲、乙两式分别作出不同描写：

甲图　　　　　　　　　乙图

甲图：松树、柏树，变得更加苍翠。

乙图：山上的积雪已经融化了，渐渐地汇成了小溪，淙淙地流着。

1.3 可从并列的依存态与性状态中灵活选取其动态描写，以充当动态链描写的结构要素　在这种情况下，其描写的基本范式就有三种，需要分别作出具体的说明。

1.3.1 范式之一为"主体 + [（依体 ぁ 静态关联式）+ 性状动态]"。该式中的"（依体 + 静态关联式）"一般只有一个，但其中的"性状动态"则可能是一个，也可能是两个或两个以上。由此生成的具体范式有两种，即：

> 甲：主体 + [（依体 ぁ 静态关联式）+ 动态性状]
> 乙：主体 + [（依体 ぁ 静态关联式）+ 动态性状$_1$ + 动态性状$_2$ +……]

例如：在对下面两幅图中的动态物体描写时，一个选用甲式，另一个则选用了乙式。

甲图　　　　　　　　　　乙图

甲图：银光落在水面上，闪闪发亮。

乙图：月亮就挂在天空中。起初还是圆圆的，后来就不那么圆了，渐渐成了扁的，而且越变越少，像小船，像镰刀，像弯钩，像细丝，终于什么也没有了。

1.3.2 范式二为"主体 + [性状静态 +（依体 ぁ 动态关联式）]"。该式中的"性状静态"一般只为一个，但"依体 ぁ 动态关联式"则可能是一个，也可能是连续多个。由此生成的具体范式有如下两种：

> 甲：主体 + [单项静态性状 + 单项（依体 ぁ 动态关联式）]
> 乙：主体 + [单项静态性状 + 多项（依体 ぁ 动态关联式）]

例如，下面图中的两个不同物体就是用甲、乙两种范式分别描写的。

甲图　　　　　　　　　　乙图

甲图：太阳白亮亮的，从天空中直射下来。

乙图：这里的水又清又亮，从山谷的深处流下来，穿过石崖的缝隙，向山洞的低处流去。

1.3.3 范式之三为"主体＋[（依体 ぁ 动态关联式）ぁ 性状动态]"。该范式中的主体虽然只有一个，但"依体 ぁ 动态关联式"和"性状动态"却可能各有一个，也可能各有多个。如此所生成的具体范式亦有两种，即：

> 甲：主体＋[单项性状动态 ぁ 单项（依体 ぁ 动态关联式）]
> 乙：主体＋[多项性状动态 ぁ 多项（依体 ぁ 动态关联式）]

例如，对下面两幅图中的物体，就是用甲、乙两式分别描写的：

甲图　　　　　　　　　　乙图

甲图：几只麻雀喳喳地叫着，飞过了人家的屋顶。

乙图：漆黑的夜色中，一辆急救车闪着灯光，不断地发出了刺耳的怪叫声，超过了众多的行人和车辆，在十字路口拐了个弯，直向火车站的那边飞驰而去。

当然，构成动态链的要素中，也还有少数是静态物体。但是，由于大多数物体是动态的，因而不会影响动态链的总体结构特点，反倒与动态物体一起构成了"静与动"的对比，呈现出"从静到动"或者"从动到静"的变化，使整个动态链更具有节奏感与起伏性。

2 物体动态链的结构方式及描写方法

构成动态链的诸多要素物体，包括大部分动态物体及少数静态物体，并非各自孤立，而是彼此关联的。这种关联有其具体的方式，我们就把这样的关联方式叫做动态链的结构方式。这样的结构方式亦具多样性和多层性，但最基本的结构方式只有一种，那就是如同"猫"与"鼠"之间彼此使动的结构方式，可通过下面的图文展现出来。

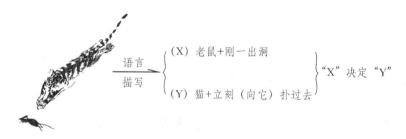

显而易见，这里的"老鼠"与"猫"虽为两个不同的物体，但其间具有彼此关联的使动关系，那就是："老鼠"的动态依存态"刚一出洞"导致了"猫"的动态依存态"立刻（向它）扑过去"；反过来说，又是"猫"的动态依存态"立刻（向鼠）扑过去"反映出"老鼠"的动态依存态"刚一出洞"。也就是说，两者的动态依存态是完全对应的。我们就把如此关联结构的对应方式及规律，叫做"猫"与"鼠"的互动定律。其中"鼠"是自动物体（自身之动），用"X"表示；"猫"是因动物体（因老鼠之动而动），用 Y 表示。如此，两者的结构关系式就是"X+Y"。

其实，符合"猫鼠互动定律"且具有"X+Y"之结构关系的不同物体，无处不有处处有，无时不现时时现。对此，可通过列表的方式作出进一步说明。

自动物体（X）	因动物体（Y）	"X+Y"结构
老鼠刚一出洞	猫立刻（向它）扑过去	老鼠刚一出洞，猫立刻扑过去。
风吹	草动	风吹草动
水落	石出	水落石出
瓜熟	蒂落	瓜熟蒂落
打草	惊蛇	打草惊蛇
天上的云彩黑了	地下的雨点儿大了	天上的云彩黑了，地下的雨点儿大了。
一阵秋风吹来	树上落下几片黄叶	一阵秋风吹来，树上落下几片黄叶。
大队人马早就从草地上过去了。	这里留下一条踩得稀烂的路，伸向远方。	大队人马早就从草地上过去了，只留下一条踩得稀烂的路，伸向远方。

对于上表中的"X"、"Y"及"（X+Y）"，可进一步作出自由填写。不管你填写了什么物体及它的什么动态，只要"X"与"Y"完全对应，即"X"之态决定了"Y"之态，"Y"之态又能足够反映出"X"之态，就说明你对"猫鼠互动定律"不仅有了理解，也能独立发现并认识运用。据此，如果你要进一步描写自然界里具有"X+Y"关系的两个（组）动态物体，就应该按照如下程序思考运作：

A. 按照"X+Y"关系范式，从自然界里观察摄取 X 物体与 Y 物体，并对其各自的名称作出认定。

B. 根据"X"与 Y 的关系，依次求出 X 的动态与 Y 的动态，并作出认定。

C. 按照"X（物体名 + 态）+Y（物体名 + 态）"的范式，将上述认定结果组合排列，表达成一个因果句。

那么，怎样运用该程序，实施对具有"X+Y"关系的不同物体之描写呢？

演示一

右图中所画的物体很多，请在观察的基础上发现确认，看哪两个物体间具有"X+Y"的关系，又该如何描写出这样的关系。

按程序思考运作，其描写的过程及结果是：

A. 按"X+Y"的关系式，从图中诸物体中观察摄取 X 与 Y 两个不同物体。其中，X 物体名为"主人"，Y 物体名为"小花狗"。

B. 根据 X 与 Y 的关系，依次求出 X 与 Y 的动态，并认定如下：

X 的态为依存态动态，认定结果是"刚一进门"；

Y 的态是并列的依存态动态与性状动态，认定结果为："立刻迎上前去"，"还不停地摇着尾巴"。

C. 将程序中的范式变通为"X［主体＋（依体ぁ动态关联式）］＋Y｛主体＋［（依体ぁ动态关联式）＋性状动态］｝"。再依次将上述认定结果组合排列，表达成句如下：

主人刚一进门，小花狗立刻迎上前去，不停地摇着尾巴。

那么，如果此时的 X 物体不是"主人"，而是一位"陌生人"，"小花狗"的动态又是什么？该如何描写呢？

其实，在自然界或者我们的生活中，动态链不仅复杂，而且多样。但是，不管什么样的动态链，无一不是按照"X+Y"的方式结构的。结构的层次不同，所生成的动态链就各自相异。如果按照从易到难的顺序分别叙述并说明，常见的有如下几种：

2.1 两个不同物体按"X+Y"的关系构成动态链 此时，其基本的结构范式就是"X+Y"。但是，在该范式中，无论是 X 物体，还是 Y 物体，其各自的动态有多有少，少则只有一个，多则可为两个或两个以上。这就使得上面的范式又以多样化的形式呈现出来，可归纳为如下两种：

> 甲：X（物体名＋态）＋Y（物体名＋态）
> 乙：X [物体名＋态（态$_1$＋态$_2$＋……）] ＋Y [物体名＋态（态$_1$＋态$_2$＋……）]

例如：对下面两幅图中的物体所构成的不同动态链，可分别用甲、乙两种不同方式描写。

甲图　　　　　　　　　乙图

甲图：一阵微风吹来，水面上泛起了鱼鳞似的波纹。

乙图：月儿圆圆的，就挂在天空中；银光落在水面上，闪闪发亮。

再如，对于下面丙图中由多个物体构成的动态链，就不适宜用甲式描写，而只能用乙式描写。

丙图

丙图：随着一声"点火"命令的下达，火箭徐徐地离开了发射架，飞向天空，穿过大气层，几分钟后便准确地进入了预定的轨道。

2.2 两组不同物体按"X+Y"的关系构成动态链。其基本范式仍然是"X+Y"。但是，X之内包含的物体，既可为一个，也可为多个，而Y内包含的物体则有两个或者两个以上。如此，上述基本范式便可被表述为如下具体范式：

$$X（x_1+x_2+\cdots\cdots）+Y（y_1+y_2+y_3+\cdots\cdots）$$

例如：下面图中的动态链结构与上述范式的结构相适宜，反过来也只能借助这样的范式作如下具体描写：

春天来了，春风暖洋洋的，吹遍了大地。小河里，连一块薄冰也没有了。河水慢慢地流着。河岸上，柳树的枝上发芽了，柔嫩的枝条儿在微风中轻轻地摆动着。树的下面是一片草地，小草儿挺起了身子，开始泛绿。一只青蛙从草地里钻出来，慢慢地向岸边爬去。

2.3 两组不同物体按"X+Y"的多层包含关系构成复杂动态链 在此情况下，其基本范式依旧是"X+Y"。但是，X之中的物体却具有较小"X+Y"的关系。这样，该基本范式又可表现为如下具体范式：

$$X [(x_1+y_1+)\cdots\cdots] +Y [(y_1+y_2+y_3+\cdots\cdots)]$$

显然，这个范式中的"X+Y"有两个层次，而且是高层次的"X+Y"中包含着低层次的"X+Y"，因而就比它前面的范式复杂了一层。运用该范式描写的动态链有很多，例如：

太阳白亮亮的，从天空直射下来，大地像着了火。路边的小草儿趴在地上，已经干枯了。树上的叶子打起了卷儿，落满了灰尘。柏油

马路快要融化了，踏上去一软一软的。骡马的鼻孔张得特别大，发出了"呼哧呼哧"的声响。狗趴在地上，张开嘴巴，吐出了红舌头。老母猪拖着沉重的身子，直往水坑里面钻。

2.4 两类不同物体可按"X △ +Y △"的关系直接构成动态链。这种情况下，其基本结构范式就为"X △ +Y △"。该式中的"X △"和"Y △"都是两类对应变化的物体,其变化的方式是：随着"X"的变化，"Y"也发生相应变化。由此，所生成的动态链，需要用下面的范式具体表述：

$$\{[x_1+y_1] + [x_2+y_2] + [x_3+y_3] + [x_4+y_4] + \cdots\cdots\}$$

用该范式描写动态链的实例有：

起初，湖面上连一丝风也没有，湖水平静得像一面镜子。忽然，一阵微风吹来，水面上泛起了鱼鳞似的波纹，轻轻地荡漾着。后来，风渐渐地大了，终于变成了狂风。这时，再看看湖面，一层层的波浪涌起来，足有半尺多高，不断地冲击堤岸，发出了哗哗的声响。

2.5 动态物体使原静态物体变化为动态物体，可构成动态链。这就是说，一个（组）物体本来是静态的，但由于突然出现了另一个动态物体，使得该物体也变成了动态物体。由此而生成的动态链可用下面的范式表述：

$$静态物体（甲）+\{X[动态物体（乙）]+Y[动态物体]（甲）\}$$

这其实是一种具体的描写方法。就是在描写"X+Y"的动态链之前，先对"Y"的静态作描写，以展示由静到动的变化过程。例如：

池塘的岸边有一棵高大的梧桐树。树上的叶子又宽又大，已经黄了。忽然，一阵秋风吹来，树上落下几片黄叶。有的落在草地上，随风翻动；有的落在水里，随着微微的波浪起伏着，就像几叶小舟。

2.6 **一个动态物体改变另一个动态物体的运动或变化方式，可构成动态链。** 这就是说，一个（组）物体原本是按它自身的方式运动变化的。但是，由于突然出现了新的运动变化物体，便使得这个动态物体改变了它原有的运动或变化方式。在这种情况下，其范式应该是：

$$动态物体（甲）+ \{X[动态物体（乙）] + Y[动态物体]（甲）\}$$

这也是一种描写方法。就是在描写"X+Y"之前，先描写"Y"的原有动态方式，以此展示动态方式被如何改变的过程。例如：

一辆满载着鬼子的大卡车在新修的公路上行驶着。它爬上了一段山坡，穿过了一个隧道，跨过一座桥梁，又拐了几道弯，便进入了树木丛生的峡谷。突然，随着"砰"的一声枪响，一颗子弹从林子里飞出来，穿透了驾驶室的玻璃，正好击中了司机的脑门。这时，那辆卡车立刻失去了控制，就像一只无头的苍蝇，左冲右撞……

2.7 **两个（组）不同物体互为自动与因动，可构成交替变换的动态链。** 这时，如果我们把这两个（组）物体分别用甲、乙表示，由此交替互动构成的动态链范式应按如下的方式表述，即：

$$[x_1（甲）+y_1（乙）x_2+y_2（甲）x_3+y_3（乙）x_4……]$$

其实，这样的交替互动动态链处处都有，一般出现在动物之间。例如，如果我们前面讲述的"老鼠"与"猫"再斗几个回合，这样的动态链就出现了，

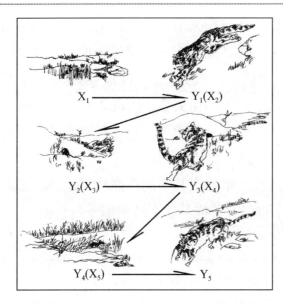

即如下面描写的那样。

老鼠刚一爬出洞，大花猫立刻扑过去。老鼠吓了一跳，赶紧转过身，钻进洞里。大花猫扑了空，只得无奈地在洞口转了几圈，趴在地上等待。狡猾的老鼠不敢再出洞，便从另一个洞口钻出，进入荒草地。大花猫听见了草动的声音，便一纵身，直向草丛里扑去，一口咬住了老鼠。

2.8 诸多不同物体可通过动态的依次传递，构成动态链。在这种情况下，如果我们把诸多不同物体依次设定为甲、乙、丙、丁等，那么甲的动态就会使乙的动态发生，乙的动态也会使丙的动态出现，而丙的动态必然会引发丁的动态，如此等等。我们就把这样的动态链叫做"传递"式的动态链。其结构范式如下：

$$x_1（甲）+ y_1（乙）x_2 + y_2（丙）x_3 + y_3（丁）x_4 \cdots\cdots$$

按照该范式描写的动态链实例如下：

小红没有在意，把鱼缸里的水加满了。半夜时分，一条金鱼从缸里跳出来，在桌子上吧嗒吧嗒地挣扎着，惊醒了正在熟睡的小花猫。小花猫一纵身，向金鱼扑过去，不料又撞倒了桌子上的鱼缸。只听见"啪啦"一声，花瓶落在地板上，摔成了碎片。小花猫吓坏了，便夺门而逃。这时，小黑狗也从窝里冲出来，汪汪地叫起来。不一会儿，全村的狗都叫起来了……

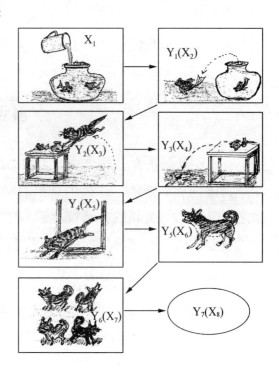

不难看出，正是按照"X+Y"这样一种结构关系，派生出了以上八种不同的动态链，而每一种链又各有自己独特的整体结构方式。反过来说，不管自然界及我们生活周围的动态链整体如何多样，但都是按照"X+Y"的基本关系结构起来的。因此，把握了"X+Y"的这个基本结构关系，借此再对我们生活中的动态链作更深入的观察分析，还可能发现并描写出与上述八种动态链所不同的新的动态链。

认识了自然物体之间"X+Y"的关系，掌握了其中的选态描写定理，又识别区分了诸多动态链的整体结构特征，也就有了描写动态链所需要的必备条件。然而，要实施这样的描写，还得按照如下的程序思考运作：

> A. 观察自然界或我们生活中的物体动态链，先从中发现、选择、摄取诸多不同而有价值且能表现运动变化的物体，并对其名称分别作出认定；再按"X+Y"式确定这些不同物体间的使动关系，并判定该动态链的整体结构属于哪一种。
>
> B. 依据上述选择与确认，对诸多不同物体之间的组合排列方式作出具体设计，并以结构范式展现出来。
>
> C. 按照所设计结构范式提供的顺序，对其中诸物体之态依次作出选择描写，使之具体表现出"X+Y"的全对应关系。

如果能按该程序运作，必定能达到预期效果。

演示二

在下图所画的众多物体中，有静态的，也有动态的。静态物体构成静态链，动态物体构成动态链。那么，这里的动态链是什么，由哪些物体构成，这些物体之间又是如何关联的？请按上述程序思考运作，将这个动态链描写出来。

按上述 A、B、C 程序运作，其过程及结果如下：

A. 图中的动态物体是显而易见的。通过观察发现及选择摄取，认定诸多动态物体的名称依次为：人、枪（声）、猫头鹰、小兔、大兔。通过研究不难发现，这些物体之间的使动关系是：是"人"的动态导致了"枪（声）"，是"枪声"的动态导致了"猫头鹰"的动态。"小兔"和"大兔"也有动态，但这些动态又是由"人"、枪声"及"猫头鹰"的动态共同引发的。

B. 依据上述的选择与分析判断，该动态链的整体结构应该是"X+Y"。其中，X之内所包含的动态物体是"人"、"枪声"、"猫头鹰"，三者之间使动关系属于"传递式"，即："X_1（人）+Y_1（枪声）X_2+Y_2(猫头鹰)"。至于动态物体"小兔"和"大兔"，应该包含在Y之内。由此所作的结构式为：

$$X\left[(x_1（人）+y_1（枪声）x_2+y_2（猫头鹰）\right]+Y\begin{Bmatrix}y_1 大兔（动态）\\y_2 小兔（动态）\end{Bmatrix}$$

C. 按照上述结构范式提供的总体结构顺序，也根据诸物体间的"X+Y"对应关系，依次对诸物体之动态选择描写，表达成文如下：

  那人端起枪，瞄准树上的猫头鹰，扣动了扳机。只听见"砰"的一声枪响，猫头鹰从树上倒栽下来，掉进草丛里。忽然，草丛里跳出了两只野兔，一只大的，一只小的。小兔飞快地向北跑去，跳上一座山冈，一转眼就钻进了密林中。大兔拼命向南跑去，飞快地跳上山坡，翻过一道山梁，从陡峭的石崖上滚下去，扑通一声掉进了黄河，顺着滔滔的河水向东漂去。

运用这一程序，当然可以实施有效的阅读。其具体的方法和要求是：（1）通过对文段的阅读，先从中识别说明参与动态链的各个动态物体的名称。（2）写出该动态链之整体结构的范式。（3）叙述作者描写该动态链的实际运作过程。（4）确认链中诸物体描写所选取的态各是什么，思考说明作者为何只选了这些态，而不选择其他态。显然，通过这样的阅读，我们所能获得的就不仅仅是语言文字所传达的物体动态链信息了，而更是模拟了作家们的创作过程。

根据前述方法，分析下文：

（一）

乌云黑沉沉的，从天空中压下来。树叶一动也不动，蝉儿一声也不叫，人们的心里闷得慌。忽然，一阵狂风吹来，刮得树枝乱摆。树叶儿动起来了，蝉儿叫起来了，一只蜘蛛从网上垂下来，逃走了。

（二）

下午二时二十八分，随着一阵轰隆隆的巨响，山崩了，地裂了。顷刻间，大大小小的石块从山坡上滚落下来。有的落在公路上，砸坏了正在行驶的几辆汽车，把长长的车队分隔成两段。有的落在路边的水沟里，挡住了水流的去路。水，很快涨起来了，越涨越高，终于漫上路面，淹没了低处的几辆小车。大车上的司机掏出手机，"喂喂"地呼叫，但这里的信号早就中断了。于是，他便从车上跳下来，蹚着齐腰的水，拼命地向高处跑去……

第三节　画面与过程相融合

　　静态链和动态链虽然都是由众多不同物体彼此关联而构成的物体链，但因其结构要素与结构方式不同，所给人的感觉也各自相异。静态链是由众多不同的静态（也有少数动态）物体依据其间依存关系构成的，它给人的感觉一般都是一个静态的稳定"画面"，类似于一幅画作或一张照片。而动态链则是由众多不同的动态（有少数静态）物体依照"X+Y"的关系构成的，它给人的感觉往往是一个动态的变化"过程"，与影视片中的一段录像近似。但是，无论在自然界，还是在我们的生活环境中，这样的"画面"与"过程"并非各自独立，截然分离，而是彼此关联、互相融合。这就使得人的描写也灵活多样：既可对静态"画面"与动态"过程"作出各自独立的描写，也能够将二者相融合共同描写。

　　对于"画面"与"过程"的独立描写，我们在之前已有详尽介绍。那么，又怎样实施"画面"与"过程"的融合描写呢？这就需要对"画面"与"过程"的融合方式作出分门别类的研究。因为，融合方式不同，所采用的描写运作方法也就不同。

1 "画面"之中包含"过程"的结构方式及描写方法

　　观察自然界和我们生活环境中的每一处，往往会发现这样的一种景象，那就是在一个较大的静态画面中，总包含着一个（或一些）较小的动态过程。对此，人们的描写方法是灵活的，一般有两种：或者是从大画面到小过程，或者是从小过程到大画面。但是，究竟采用哪种方法描写，需根据景象的特征及作者的意图而定。

1.1 若"过程"出自"画面"，则先展现"画面"，再取其"过程"　这实际上是一种大中见小的摄取方法。其所构成的范式为：

> 大画面（静态物体链）＋小过程（动态实体链）

这样的景象在自然界里普遍存在，既可为摄影师们摄取，也可为作家们描写，如下面的例子那样。

　　天，是那么高，那么蓝。蓝蓝的天空飘着几朵白云。天底下是一眼望不到边的稻田。稻子熟了，黄澄澄的一大片，像铺满了一地的金子。稻田的旁边有一个池塘，池塘的边上有一棵高大的梧桐树。树上长满了叶子，一片片，又宽又大，已经变黄了。忽然，一阵秋风吹来，树上落下几片黄叶。有的落在岸边，蚂蚁爬上去，来回跑着，把它当做运动场；有的落在池塘的水面上，小鱼儿游过去，藏在底下，把它当做伞。

　　无论是从图景上看，还是从作者描写的文字上看，其中的静态"画面"与动态"过程"不仅泾渭分明，也有机相连，不可分割。这不只因为"画面"之大，可包览天地，"过程"之小，可由"黄叶"、"蚂蚁"及"小鱼"之动而成，还在于"画面"之中包含着"过程"，其间以"黄叶"为联系的纽带，又以"秋风吹来"截然分开。这就是说，如果要把静态大"画面"的描写成功地转向动态"小过程"的描写，关键是及时插入动态物体，按照"X+Y"的关系结构。这既是一种特定的自然现象，也是作家们常用的描写手段。反过来说，在上面的描写中，如果没有"秋风吹来"之"X+Y"的关联手段，所描写的大"画面"与小"过程"之融合，就难以"天衣无缝"了。

1.2 若"过程"引出"画面"，则先从"过程"入手，再展现"画面" 这又是一种从小见大的摄取方法。具体地说，在对设定的小"过程"作出了有效描写之后，再放眼上下四周，从更大的空间去摄取静态"画面"。这样，就会相应地生成如下具体范式：

小过程（动态物体链）+ 大画面（静态物体链）

这既是一种客观存在的自然景象，也是摄影师与作家们常用的手段。因而，这样的结构不仅见诸于影视片中，也见诸于作家们的语言作品之中。例如：

半夜时分，剧院散场了。大群的人纷纷涌出来，穿过广场，走进他们各自事先雇好的小艇里。于是，那些簇拥在一起的小艇便陆续散开，朝着不同的方向驶去，很快就消失在弯曲的水上街道里。这时，虽然还能听见人们互相告别的哗哗笑声，但毕竟越来越少，越来越远，越来越弱。不久，水面上一片沉寂，只有月亮的倒影微微地晃动着。再看看四周，高大的建筑物一座连一座，静静地矗立着。残破的桥梁疲惫地卧在水面上，岸边的小船儿也一动不动地簇拥在一起。古老的威尼斯，在夜色的笼罩之下，渐渐地沉睡了。

如果我们把这段文字与前段文字作对比，就不难发现，两者行文的思路正好相反：前者是先从大的"天地"开始收缩到较小的"池塘"与"树"，再缩到更小的"树叶"、"蚂蚁"、"小鱼"；而后者则从小的"人"扩大到"小船"、"水街"，最后扩大到"夜色"下的"威尼斯城"。而且，前者是由大静转向小动，后者则由小动转向大静。但是，两者的静、动之转化却都是以"X+Y"的方式连接的。其中，前者是风吹而动，后者则是人去而静。这就足以说明，"X+Y"在连接大"画面"与小"过程"时，具有不可取代的纽带作用。

2 "过程"之中包含"画面"的结构方式及描写方法

在自然界和我们的生活环境里，也有大"过程"包含小"画面"的景象结构。这样的结构有两种不同方式：一是大"过程"之中包含着一个或诸多小"画面"；二是大过程之各阶段都有小"画面"。其描写方法需分别说明。

2.1 若大"过程"之内含小"画面",则先描写大"过程",再展现小"画面" 这其实也是一种大中见小的摄取方法,所生成的相应范式以如下样式展现出来:

$$总过程（动态物体链）+ 小画面（动、静结合物体链）$$

例如,下面所描写的正是这种大"过程"包含小"画面"的结构。其中,大"过程"为冬春季节的交接变化,小"画面"则不过是由"小河"、"河岸"、"地里"、"学校"内的诸物体分别构成的动、静结合的物体链。

春天来了。春风暖洋洋的,吹遍了整个大地[大过程]。小河里,连一块薄冰也没有了,河水慢慢地流着。几只鸭子跳进水里,快活地游着[小画面1]。河岸上,柳枝发芽了,柔嫩的枝条在微风中轻轻摆动。柳树的下面是一片草地,小草儿也开始泛绿。一只青蛙从草丛里爬出来,向岸边爬去[小画面2]。地里的泥土解冻了,踩上去软绵绵的[小画面3]。小河的对岸是一所学校,教室的窗户朝这边开着,里面传出了小学生们琅琅的读书声:"春天来了,……"[小画面4]

2.2 若大"过程"各阶段都含"小画面",则可边写"过程",边写"画面" 其中,对于大"过程",不仅可以集中描写,也可以依次描写它的各个阶段。如果每一阶段都包含小"画面",便可一边写大"过程",一边写小"画面",其范式应为:

$$总过程[（过程 + 小画面）_1 + （过程 + 小画面）_2 + （过程 + 小画面）_3 ……]$$

例如,下面描写的天色变化为大"过程",可被分为三个阶段,那就是:从"夕阳落山"后到"晚霞淡去",再到"夜色加浓"。其中,每一个阶段都包含着一个特定的小"画面"。

夕阳落山不久，西方的天空还燃烧着一片橘红色的晚霞［过程阶段1］。大海也被霞光染成了红色，而且比天空的景色更壮观。因为它是活动的，每当一排波浪涌起的时候，那映照在浪峰上的霞光，又红又亮，简直就像一片片燃烧着的火焰，闪烁着，消失了。而后面一排，又闪烁着，滚动着，涌了过来［小画面1］。

天空的晚霞渐渐地淡下去了，深红的颜色变成了绯红，绯红又变成了浅红［过程阶段2］。最后，当这一切红光都消失了的时候，那突然显得高而远了的天空，则呈现出一片肃穆的神色。最早出现的启明星，在这深蓝的天幕上，闪烁起来了。它是那么大，那么亮，活像一盏悬挂在高空的明灯［小画面2］。

夜色加浓，苍穹中的"明灯"越来越多了［过程阶段3］。而城市各处的真的"灯火"次第亮起来了。尤其是围绕在海港周围山坡上的那一片灯光，从半空倒映在乌蓝的海面上，随着波浪，晃动着，闪烁着，像一串流动的珍珠，煞是好看［小画面3］。

如果把上述两篇描写文字作比较，其间的异同也是显而易见的。相同之处是，都属于大过程之中包含小画面。所异之处是，两者的包含方式各有各的特点，前一篇是总过程内包含诸多小画面，后一篇则是大过程变化的各个阶段分别包含小画面。然而，无论哪一种包含，其过程描写与画面描写的连接，则无一不是"X+Y"的方式。

3 "过程"与"画面"相交替的结构方式及描写方法

所谓交替，就是"画面"与"过程"互相并列，彼此相连，或者从过程到画面，或者从画面到过程。对此，人们的描写也是灵活的，其摄取描写的方法有两种，那就是：或者以"静态画面"开头，或者以动态过程起始。

3.1 以静态画面开头，描写画面与过程的交替景象 在这种情况下，可生成如下范式：

> 画面（静态链）＋过程（动态链）＋画面（静态链）＋过程（动态链）＋……

该范式所表明的，既是一种常见的景象，也是一种常见的描写方法。例如：

月亮圆圆的，就挂在深蓝色的天空中。银光洒落在江面上，闪闪发亮，与天空的星斗交相辉映，煞是美丽。忙碌了一天的人们就聚集在江边，尽情地享受着这个美好的夜景，谁也不愿意离去［静态画面］。

忽然，一阵大风刮来，天空积起了乌云。云越积越厚，越厚越黑，向四面散开，遮没了月亮的光芒，江面上顿时一片昏暗。不一会儿，随着一阵剧烈的闪电雷鸣，树叶一般大的雨点从空中打落下来，人们这才拼命地往各自家中跑去。雨越下越大，街道上很快就积满了水，江水也涨起来了。不久，山洪爆发了。四沟八岔的洪水，一起涌入江中，很快漫上堤岸，冲进了市区的大街小巷，卷走了小贩们的摊点，又扑向社区的大院。这时，住在一楼的人们知道无路可逃，便抱起小孩儿，背着老人，直往楼顶上冲。楼顶上很快就聚满了人，在大雨中淋着，冻得发抖［动态过程］。

天快亮的时候，雨停住了。从楼顶往下看，整个市区一片汪洋。广场上、街道里，大大小小的汽车就淹没在深深的积水中，只露出个上顶。街道里的水面上漂浮着各种杂物，五颜六色，样式各异［静态画面］。

3.2 以动态过程为起始，描写画面与过程的交替景象。 在这种情况下，可生成如下范式：

> 过程（动态链）＋画面（静态链）＋过程（动态链）＋……

该范式所表明的，既是自然景象，也是一种描写摄取方法。例如：

秋雨刷刷地下着,一刻也不停。一个星期以后,大森林全变了样[动态过程]。铅灰色的阴云就低低地压在头顶上,潮湿的风缓缓地吹着大地,吸饱了雨水的树枝向下倒垂,河里的水也涨得齐了岸[静态画面]。

忽然,河的上游漂来了一只小木船。船上有两个中年男人,一个是国家森林资源考察队队员,另一个是当地的护林警察。小船顺流而下,拐了一个急弯后,便向北飞快地驶去。可是,就在河面最窄而水流最急的地方,一个木桩暗藏在水面下,把飞驶而来的小木船撞翻了。船上的器具、食物很快沉到河底,考察队员和护林警察却在水面上扑打着,一直向河的下游漂去。漂着,漂着,幸好有一棵已经倒了的大树,就横躺在河水中,挡住了他们[动态过程]。

这时,天空的阴云越压越低,已经与大森林相连接;河里的水越涨越高,淹没了岸边的小路。再看看四周上下,一切都笼罩在白蒙蒙的水气中,分不清哪是云和水,辨不出哪里是河与岸。考察队员看不见护林警察,护林警察也不知道考察队员在哪里[静态画面]。于是,他们只好各自拽住了一根树枝,一边在水中扑打挣扎,一边摸索前进。他们先从树枝摸到了树干,再顺着树干寻找树根,终于在被河水淹没的岸边小路上撞在了一起[动态过程]。

显然,如果把上述两段文字的内容和描写摄取方法作比较,其间并无本质差别。至于前者以"画面"开头,后者用"过程"起始,那也是作者摄取描写方法的灵活性表现。但是,有必要说明的是,在上述两段描写中,其"画面"与"过程"之间融合联系的方式,仍然是"X+Y"的结构方式。

综上所述,无论是"大画面"包含"小过程",还是"大过程"包含"小画面",或者是大小并列的"过程"与"画面"相交替,其实都是人从不同角度与层面对自然景象实施认识观察与摄取描写的三种不同方法。尽管每一种方法都有它自己的特点与不可取代的优势,却又各自只能适用于一定的对象范围。因此,在具体描写的过程中,究竟运用哪一种方法,必须依据描写对象的特点及作者的意图作出灵活选择。也就是说，对于上述三种不同的方法，我们不仅要全面地掌握，还要学会灵活选择运用。如果说，方法的掌握仅需上述知识的学习便可如愿，灵活的选择运用则需要通过大量的实际训练才能成就。这里所说的"训练"，既包括实际的写作，也包括实际的阅读。

那么，怎样实施这样的写作与阅读呢？对于初学者来说，应该按照确定的程序思考运作，即：

> A. 观察特点，选择方法。就是运用"画面包含过程"、"过程包含画面"及"过程与画面交替"三种结构方式，依次对照观察确定的自然景象，从中选择出与该对象特征相适合的结构式，作为摄取描写的总方法，并写出范式。
>
> B. 根据方法，设计结构。对范式中的静态"画面"与动态"过程"自身的结构内容分别作出确认，将这样的结构绘制成结构图式。
>
> C. 按照结构，描写成文。以反映结构的图式为蓝本，按照其中确定的排列顺序，逐句逐段地实施描写，表达成文。

运用上述的程序思考运作，自然能实施有效描写。

演示

下图所画的是一幅自然景象。在这个景象中，既有诸多不同的静态物体，也有诸多不同的动态物体。静态物体构成了静态画面（静态链），动态物体构成了动态过程（动态链），两者显然是融合为一体的。那么，这样的融合有什么特点？该如何描写呢？

按 A、B、C 程序运作，其过程及结果如下：

A. 观察特点，选择方法。可在观察的基础上，分别用"大画面含小过程"、"大过程含小画面"、"过程与画面交替"三种结构方式，依次就图中景象结构作对照分析。由此判定，该景象的结构特征应该是"大画面含小过程"，所选择的摄取描写方法是，先取大画面，再取其中的小过程。其相应范式为"大画面（静态链）+小过程（动态链）"。

B. 据此方法,设计结构。先就范式中的"大画面"的结构要素(静态物体)作出选择确认,并组合排列,使之呈现为如下图式:

西山(6) → 村庄(7)　东山(8) → 树林(9)

黄河北岸(1) → 山(2) → 千亩良田(3) → 玉米(4) → 玉米棒子(5)

荒草(11) ← 南边洼地(10)　中间(12) → 钻井塔(13) → 红旗(14)

再就范式中的"小过程"结构要素(动态物体)作出选择确认,并组合排列,使之呈现为如下图式:

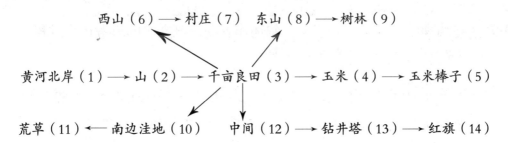

C. 据上结构,表达成文。就上述两个图式中的诸物体之态,依次作出选择描写,造句成文,表达如下:

　　黄河的北岸全是山。山势陡峭险峻,一座连着一座,宛延起伏,一直伸向远方。山的北面是一大片良田,足有几千亩。田里长满了玉米,玉米棒子已经成熟了,一个个沉甸甸的。玉米地的西边有几座小山包,每个山包的下面都有一个村庄。玉米地的东边是几座大山,山坡上长着层层树木。玉米地的南端,靠近黄河的地方,是一片低洼地。

洼地上长满了荒草，足有半尺多深。玉米地的中间，靠近东山的地方，矗立着一座高大的铁塔，那是石油工人们竖起的钻井塔。塔顶上还插着一面红旗，在蓝天下迎风飘扬。

忽然，天的北面飞来一只孤雁，悲哀地鸣叫着，越飞越低。一位工人听见了，便端起枪，瞄准了那只孤雁，扣动了扳机。只听得"砰"的一声，孤雁从天空掉下来，一头栽进了荒草中。也就在这时，草丛里突然跳出了两只野兔，一只大的，一只小的。小兔拼命地向北跑去，跳上山坡，一转眼就钻进了树林中。大兔拼命地向南跑去，迅速跳上山坡，翻过一道山梁，从陡峭的石崖上滚了下去，"扑通"一声掉进了黄河，随着滔滔的河水漂走了。

运用这样的程序思考运作，也能实施有效阅读。阅读的方法及要求是：（1）区分文中描写的静态画面与动态过程，判定其间的结构方式。（2）识别区分构成"画面"及"过程"的诸物体要素，分析其间的关系，说明作者描写所选之态及选态的理由。（3）展开想象，叙述作者创造该文时的思考运作过程。

根据前述方法，分析下文：

夕阳照在西湖上，湖水平静得像一面镜子。湖的岸边有几棵垂柳，垂柳的那边是一望无垠的稻田。几只又窄又长的小渔船泛在湖面上。近处的一只小船上，渔人正坐在船尾，悠然地吸着烟。黑色的鸬鹚站在船舷上，好像列队的士兵在等待命令。

忽然，渔人站起来了，拿起竹竿向船弦上一抹，这些鸬鹚就都扑扑地钻进水里去了。湖面上立刻荡起了一圈圈粼粼的波纹，无数浪花也开始在夕阳的柔光中跳跃起来。

一只鸬鹚钻出水面，拍着翅膀跳上渔船，喉囊鼓鼓的。渔人一把抓住它的脖子，挤出了喉囊里的鱼，又把它摔进水里。

鸬鹚不断地跳上渔船，渔人都要忙不过来了。

这时，湖岸上炊烟四起，袅袅地升上了天空。渔人不再赶鸬鹚下水了，让它们停在船舷上。渔人从船舱里捡了一些小鱼，一条条向鸬鹚抛过去。鸬鹚张开了长长的嘴巴，把抛来的小鱼接住，一口口地吞下去了。

鸬鹚吃饱了，渔人便荡起桨，划着小船回去了，湖面上留下了一条水痕。一只只鸬鹚就像士兵似的，整齐地站在船舷上，随着远去的小船，渐渐地消失在暮色中。湖面上又恢复了平静。

第4章

状物比喻态与反衬态

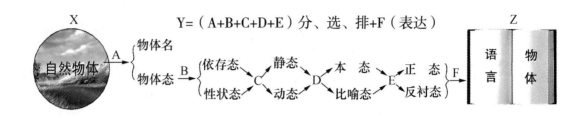

小知识

"比喻态"与"反衬态"的引入

对上图中的依存态、性状态及其各自的静态与动态，既可以看做本态，也可以视为正态。所谓本态，是指物体本身的态；所谓正态，是指物体确实存在的态。如此，之前我们对物体的描写，既可叫做本态状物，也可叫做正态状物。

比喻态是就本态而言的。如果人们在状物过程中，把观察所得的依存态、性状态及其静态与动态看做本态，就可以据此联想，从别的物体中找到与本态特征相同或相似的态，用之于状物，这便是比喻态。可见，本态与比喻态不过是状物取态的一对不同方法。

反衬态是就正态而言的。如果人们在状物过程中，把观察所得的依存态、性状态及其静态与动态视为正态，就可以据此联想，从别的物体中找到正态之中并不存在且又与正态具有相近状物效果的态或物，用之于状物，这便是反衬态。可见，正态与反衬态也不过是状物取态的另一对方法。

"比喻态"与"反衬态"描写

因为"比喻态"与"反衬态"都是通过人的联想获取的，反过来也具有能激发人之联想的功能，因而需要用语言描写。但这样的描写又只能在本态与正态的基础上实施，仅作为辅助手段有选择地运用。如果选择得当，则定能增强状物的效果。

"比喻态"与"反衬态"的描写也具有广泛的适用性。其中包含的思维方式，将贯穿于从独立物体描写到众多物体共同描写的各个层面。

第一节　从本态到比喻态

我们在对下面图中两个不同物体进行比较时，可以得出这样的结论：一是两者之间，由于所对应的依存态及性状五态都不同，我们便把这样的事实叫做"异体异态"现象；二是两者之间，由于所对应的性状形态的静态相似相近，我们就把这种事实称之为"异体同态"现象。然而，正是依据这种"异体同态"现象，当一位作家实施对〔☽〕的描写时，便创造了这样的文句："月亮弯弯的，像小船"。

显然，句中的"月亮"是物体名，其"弯弯的，像小船"都是态，而且是其性状形态的静态。如果从本态与比喻态的层面区分，"弯弯的"应该是本态，而"像小船"则无疑是比喻态。

我们之所以把"弯弯的"称之为本态，是因为该态出自于被描写对象"月亮"本身，由作者通过对"月亮"的观察直接摄取的；我们之所以称"像小船"为比喻态，是因为该态来自于作者对另一个物体"小船"的转借。据此推断，在选态状物的过程中，不管人所描写的物体是什么，也无论所要描写的态是哪一种，凡通过观察而取自于被描写对象之本身的态就是本态，凡从被描写对象之外的其他物体中通过求同比较转借而来的状物态就是比喻态。

1 状物之本态与比喻态摄取的思考运作方法

上述句中的本态和比喻态虽然出自不同的摄取方法，来自不同的对象，但具有相同的状物效果，两者结合使月亮的性状特征显得更加形象生动。那么，对于我们，又如何才能有效地摄取这样的比喻态呢？为此，可先对上述作家的摄取思考过程作出如下的图解：

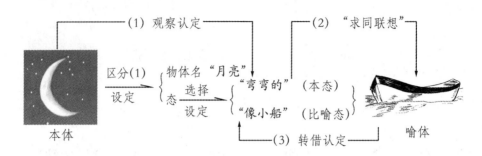

对月亮是如此,对其他物体依然。这一点,还可以通过对其他更多图解实例的展示得到进一步印证。例如:

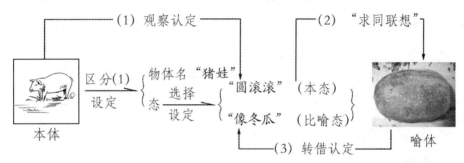

从上图可以看出,人对状物之本态与比喻态的摄取,是建立在对"异体同态"现象认识的基础上,通过"异中求同"的联想实现的。其思考运作程序为:

(1)观察被描写物体,直接摄取其本体与本态。

(2)据本体本态特征,展开"异中求同"联想,获取同态之异体,作为喻体。

(3)转借认定该喻体,以作为描写本体的比喻态。

要摄取物体的状物本态并不难,这一点我们在前三章中已有所展示。但要摄取物体状物之比喻态,则比较困难。因为,这样的工作不仅要在摄取本态的基础上才能实施,而且还要依据本态的特征展开"异中求同"的联想,从众多其他物体中选择出一个与本态具有相似相近态的物体作为喻体。如果这样的喻体一但被选中,所谓转借认定便水到渠成。据此,为了突破该过程的难点,就应该把精力首先集中在对"异中求同"之联想能力的培养上,其有效的方法是,根据已知本态求比喻态,让初学者随时随地去做,而且越广泛越好,诸如:

① 月儿弯弯的,像_____
② 猪娃胖胖的,像_____

③ 白云朵朵，像_____
④ 燕子的尾巴尖尖的，向两边叉开，像_____
⑤ 大象的鼻子又粗又长，像_____
⑥ 蓖麻的叶子又宽又大，分成五片，像_____
⑦ 中山桥就横跨在黄河上，像_____
⑧ 天山的群峰，起伏连绵，银光闪闪，就像_____

其实，人的知识积累和发散思维能力的提升正是通过上述的训练实现的。这样的训练一旦奏效，就等于给本态和比喻态的状物奠定了坚实的认知与能力的基础。只有这样，运用本态与比喻态状物的活动才能深入下去。

2 状物之本态与比喻态选择的方式及定理

尽管"本态"与"比喻态"具有相似相近或相同的表达效果，都可以用来描写物体，但它们并不是真正的物体之态。真正的物体之态依然是我们已经确认的依存态、性状态及其各自的静态与动态。所谓"本态"与"比喻态"，不过是物体之依存态、性状态及其静态与动态的两种状物样式，可称本态样式与比喻态样式。其中，本态是相对于比喻态而言的，而比喻态又是相对于本态而言的。如果没有本态的说法，比喻态的说法就无从谈起；同样，如果没有比喻态的说法，本态的说法就失去了意义。也正是从这个角度上说，所谓本态与比喻态，其实为一对相生相灭的取态手段及物体之态的描写样式。因此，在物体描写及阅读过程中，如果我们发现了作者取态的样式为本态，就应该立即联想到其比喻态样式是什么。同样，如果我们发现确认状物之态的样式为比喻态，就应该联想到它的本态样式又如何。总之,从思维的角度看,对于本态与比喻态，两手都要抓，两手都要硬。至于什么时候用本态，什么时候用比喻态，则要依据具体情况作出灵活选择。

本态与比喻态样式的选择虽灵活多样，但一般不超过三种，那就是：（1）只取状物之态的本态样式；（2）只取状物之态的比喻态样式；（3）共取状物之态的本态与比喻态叠加样式。多样化的选择，既取决于不同样式的不同表现功能，也取决于作者所追求的写作目的。单就表现功能而言，本态样式的优点在于真实准确，比喻态样式的优点在于形象生动。因此，如果只追求真实准确，则取本态样式；如果要追求形象生动，则可取比喻态样式；如果既追求真实准确，又追求形象生动，则可取两种样式的叠加式。这一点，可通过对下表中不同样式选择及描写的实例展现出来，即：

描写文句 样式功能 物体	只求真实准确可取本态样式	若求形象生动可取比喻态样式	既追求真实准确，也追求形象生动，可取本态与比喻态的叠加样式
月亮	月儿弯弯的	月儿像小船	月儿弯弯的，像小船。
猪娃	猪娃圆滚滚	猪娃像冬瓜	猪娃圆滚滚，像冬瓜。

这里需要补充说明的是：如果本态样式描写复杂而困难，则可用比喻态样式直接取而代之。例如：对于燕子尾巴的形态描写，就可直接取其比喻态样式，即："燕子的尾巴像剪刀"。

至于什么时候只追求准确真实，什么时候要追求形象生动，什么时候既追求真实性又追求形象生动，那是由被描写物体在文中的地位决定的，其选择应按如下定理实施：

> Ⅰ.对文中被描写的大多数一般物体，只需追求其真实准确，应取本态样式。
>
> Ⅱ.对文中被描写的少数一般物体，或者只追求其形象生动，或者本态描写难以奏效，则取比喻态样式。
>
> Ⅲ.对于文中被描写的少数（或个别）重点物体之态（或者物体的重点态），需要同时追求其态的真实准确及形象生动，则应该取本态与比喻态的叠加样式。

明确了"本态"及"比喻态"的生成原理及表现功能，掌握了它们的摄取方法及选择定理，还不能直接运用本态与比喻态方法描写物体。这是因为，要把本态与比喻态描写的物体之态表述成句，还需要具体的组合排列范式。

3 状物之本态与比喻态状物的组合排列范式

由于"本态"与"比喻态"并不是物体的独立之态，而仅仅是物体之依存态及性状态的两种状物样式，其选择描写的组合排列范式仍然是物体依存态及性状态描写的那些范式。因此，所谓"本态"与"比喻态"样式的选择描写，也只能按照前三章我们已经介绍过的那些物体依存态及性状态选择描写的诸范式实施。

3.1 在性状态独立状物［●］的范式内，选取本态与比喻态样式 性状态独立状物的组合排列范式有三，即：

性状态 + 物体名
物体名 + 性状态
性状态 + 物体名 + 性状态

不管哪个范式之内的性状态，都可选取"本态"或"比喻态"样式。但是，由于范式不同，范式中性状态之项的多少不同，本态与比喻态的选择与搭配便会呈现为多样化。

3.1.1 "性状态 + 物体名"之内的本态及比喻态样式 如果式中的"性状态"只有一项，则既可以只取本态式（用"＿"标示），亦可只取其比喻态式（用"…"标示）。如果式中的"性状态"有多项（一般两项），则既可全取本态式，也可有的项取本态式，而有的项取比喻态式。对上述每一种样式选择，都能从下面的两组词组中找到其相应的例证：

<u>弯弯</u>的月儿　　　　　　<u>鲜红</u>的太阳
<u>哇哇</u>的叫声　　　　　　<u>酸甜</u>的葡萄
鱼鳞似的波纹　　　　　　<u>铅灰色</u>的阴云
银铃般的声响　　　　　　苹果似的清香
<u>高而远</u>的天空　　　　　　<u>又大又红</u>的苹果
一阵<u>刺骨</u>的寒风　　　　　一轮<u>金黄色</u>的圆月
一阵阵雷鸣般的<u>掌声</u>　　　一盘盘<u>热腾腾</u>的手抓羊肉

上述的性状态样式选择完全适用于给依存态之主体、依体注入性状态的样式选择。

3.1.2 "物体名 + 性状态"之内的本态及比喻态样式 如果式中的性状态只有一项，其样式选择便有三种：一是只选取该性状态的本态式（用"＿"标示）；

二是只选取该性状态的比喻态式（用"..."标示）；三是选取该性状态的本态与比喻态之叠加式（用"＿..."标示）。如果式中的性状态有多项，其样式选择便有四种：一是全取本态式；二是部分取本态式，而另一部分取比喻态式；三是全取叠加式；四是部分取本态式，部分取叠加式。对上述每一种样式选择，仍然可以从下面的文句中找到相应的例证：

鸟嘴儿尖尖的。
乌云黑沉沉的。
水鸟哇哇地叫着。
春风暖洋洋的。
燕子的尾巴像剪刀。
太阳像个大红球。
云中的月亮像一面大铜锣。
月儿弯弯的，像小船。
池子里的水，明晃晃的，就像一面大镜子。
天，是那么高，那么蓝。
小草儿嫩嫩的，绿绿的。
太阳像个大红球，发出了淡淡的光。
那天山的群峰，起伏连绵，银光闪闪，像维吾尔族少女头上的珠冠。
湖水平静得像一面镜子，绿得像一块碧玉。
稻子熟了，黄澄澄的，一大片，像铺满了一地的金子。
地里的泥土解冻了，踩上去软绵绵的，像铺着一层厚厚的地毯。

3.1.3 "性状态+物体名+性状态"之内的本态及比喻态样式

该式中的性状态无疑为多项，至少在物的前后有两项。其中，性状态样式的选择方法有四种：或全取本态式；或有的取本态式而有的取比喻态式；或共取其叠加式；或部分取本态式，部分取叠加式。对于上述每一种样式选择，同样可以从下列文句中找到相应例证：

大红枣儿甜又甜。
高大的青山一座挨一座，起伏连绵。
金黄色的稻谷一片连着一片。

白云朵朵，像棉花。

明亮的星星闪烁着，就像是黑色的天幕上镶满了宝石。

白色的海浪一排排,翻腾着,汹涌而来,发出一阵阵轰隆隆的巨响,就像闷雷在滚动。

3.2 在依存态 [○] 及依存态注性状 [◐] 范式内，选取其本态与比喻态之样式 为此先将上述范式展示如下：

主体 あ [依体 あ 关联式]
（性状态＋主体）あ [（性状态＋依体）あ（性状度 あ 关联式）]

尽管两个范式有所不同（前者无附加性状，后者有附加性状），但它们的结构主干却都是依存态，因而均可被看做是依存态状物范式。据此，如果要对其状物之态的本态及比喻态样式作出选择，仍然需要按照"先主干后枝叶"的方法分层实施，即先在选择确定其依存态样式的基础上对所注性状态样式作分类选择确认。

3.2.1 在一般情况下，对式中用以状物的依存态均选取其本态样式 此时，若需要给式中主体及依体附加性状态，其样式选择方法有三种：或为本态式；或为比喻态式；或为本态式的态和比喻态式的态共有。此三种方法，均可从下面文句中找到相应例证：

片片黄叶从树上落下来。

西边的天空出现了一弯新月。

蓝蓝的天空飘着几朵朵白云。

柔嫩的枝条儿在微风中轻轻地摆动着。

一只野兔从草丛里跳出来，向北跑去，跳上山冈，一瞬间消失在密林中。

铝灰色的阴云布满了天空。

水面上泛起了鱼鳞似的波纹。

鸡蛋大的冰雹从天空中打落下来。

西边的天空出现了橘红色的晚霞。

三架银灰色的战机直冲万里云天。

天空中飘着鹅毛般的大雪。
乳白色的浓雾从山谷中慢慢地升起来。
深蓝色的天空挂着一轮金黄色的圆月。

3.2.2 在特殊情况下，对式中用以状物的依存态之样式，可取其本态与比喻态的叠加式　此时，若需要给式中主体及依体附以性状态，其样式选择仍然有如下三种：或取本态式，或取比喻态式，或本态式性状态与比喻态式的性状态共取。此三种方法，仍然可以从下面的句子中找到相应例证：

桑叶上爬满了白白胖胖的春蚕，就像翠盘里装满了银条一般。
晴朗的天空洒满了星星，就像巨大黑色幕上镶上了无数颗闪亮的宝石。
夜幕从天空中轻轻地降落下来，仿佛给大地披上了一层青纱。
赵州桥就横跨在那宽阔的河面上，远远望去，就如同"长虹卧波"。

3.3 在依存态与性状态并列［◐］及其再注入性状［◓］的范式内，可选择本态与比喻态样式　如果把给依存态主体、依体注入性状态的情况包括在内，依存态与性状态并列状物的基本范式就有如下两种，那就是：

（性状态＋主体）＋｛[（性状态＋依体）ぁ（性状度 ぁ 关联式）] ぁ 性状态｝
[（性状态＋依体）＋（性状度 ぁ 关联式）] ＋（性状态＋主体）＋性状态

不管在哪个范式之内，主体、依体及关联式可灵活注入性状描写，其样式选择与前相同。这里着重要强调的是互相并列的物体依存态和独立性状态，其样式选择一般有这样几种：（1）在大多数情况下，互相并列的依存态与独立性状态均取本态式；（2）在很多情况下，并列的依存态取本态式，而独立性状态则取比喻态式；（3）在不少情况下，并列的独立性状态取本态式，而依存态则取比喻态式；（4）有时，并列的依存态取本态式，而并列的独立性状态则取叠加式。不管哪一种选择方法，都可以从下面的文句中找到相应的例证：

银光落在水面上，闪闪发亮。
乌云黑沉沉的，从天空中压下来。
只听得轰隆一声巨响，汽车撞在了石崖上。
太阳像个大红球，慢慢地（从东方）升起来。

第4章 状物比喻态与反衬态

雨水像断线的珠子，从屋檐上落下来。

寒风吹打在脸上，像刀割一样。

树上挂满了红柿子，像一个个红灯笼。

那只老鼠像刚刚从煤窑里钻出来，乌黑乌黑的。

那声音又轻又低，就像一根绣花针落到地上似的。

池塘里装满了水，明晃晃的，像一面大镜子。

沙滩上露出了各式各样的珊瑚，它们千姿百态，形状奇异，像树枝，像鹿角，像菊花。

牛毛般的细雨落在树叶上，那声音轻轻的，低低的，像微风吹动琴弦，像落花飘零水上。

综上所述，是"异体同态"现象的发现和认识生成了人从观察到"异中求同"的联想思维，从而也生成了从"本态"到"比喻态"的一对取态方法。又是这对方法的运用，进而生成了"本态"与"比喻态"这对特殊的状物样式。再加上人的灵活选择和运用，最终生成了内涵丰富、形式多样、功能各异的语言文句。因此，紧紧地抓住这一生成线索，在描写物体依存态及性状态的过程中，实施对"本态"与"比喻态"选择状物的集中训练，所能获得的当然不仅仅是丰富多彩的语言文句，更是对人自身的创造。然而，对于初学者来说，最初阶段的训练，即描写阅读训练，还必须按如下的程序思考运作：

A. 观察所要描写的物体对象，从其依存态及性状态（静与动）中，选择确认所要描写的态，把这些态看做本体本态，并写出状物范式。

B. 就范式中的诸本态展开"异中求同"之联想，摄取其各自的比喻态样式，并根据"定理"对诸态样式作出灵活选择，或只取其本态式，或只取其比喻态式，或共取其叠加式。

C. 按照范式就其中的物体名与态的样式组合排列，逐一描写，表达成句。

怎样按照这样的程序实施描写呢？请看下面的例示。

演示一

已知，在我们的生活范围内，曾经出现过如下三幅图所画的众多物体，而且各自相异，互为异体。如果把箭头所指的那些物体作为描写对象，该如何思考运作，才能使所得的每一个文句能充分表现出所描写物体的特征呢？

按程序运作，就箭头所指的三个物体同时展开描写，其过程及结果如下：

A. 观察箭头所指的三个物体对象，先从其各自的依存态、性状态及其静态与动态中作出如下选择，以作为本态，并分别写出各自的范式：

就 [🐦] 而言，只选其性状的形静态作本态，所用范式为"物体名＋性状形静态之本态"，描写为："燕子的尾巴＋（分成两叉＋尖尖的）"。

就 [🦎] 而言，亦可选其性状的形静态作本态，所用描写范式为"物体名＋性状形静之本态"，描写为："壁虎的头＋尖尖的"。

就 [⛰] 而言，只选其性状静态的形态与色态作本态，所用的描写范式为"物体名＋性状静态的（形态＋色态），描写为"天山的群峰＋（起伏连绵＋银光闪闪）。"

B. 就上述诸物体之本态分别展开"求同"联想，摄取各自的比喻态样式，并根据"定理"对其状物样式分别作出灵活选择如下：

就"燕子尾巴"的本态"分成两叉，尖尖的"而言，联想摄取的比喻态是"像剪刀"。但因本态描写难以奏效且复杂，只选取其比喻态，即"像剪刀"。

就"壁虎的头"的本态"尖尖的"而言，联想摄取的比喻态是"像个三角形"。这里，因本态和比喻态描写都简便有效，可保留其本态，再增添其比喻态，构成叠加式。

就"天山的群峰"之本态"起伏连绵"与"银光闪闪"而言,联想摄取的共同比喻态是"像维吾尔族少女头上的珠冠"。这里,因本态真实准确而保留,再添加上生动形象的比喻态,构成叠加式。

C. 按上述三物体描写的不同范式对所选状物态的样式,分别描写,依次表达成句如下:

燕子的尾巴像剪刀。

壁虎的头尖尖的,像个三角形。

那天山的群峰,起伏连绵,银光闪闪,像维吾尔族少女头上的珠冠。

显然,上述描写中,有比喻态式,也有本态和比喻态叠加式,但都仅仅是物体的性状态静态。那么,我们能不能采用恰当的样式描写出物体的依存态及依存态与性状态并列状物的文句呢?

——— 演示二 ———

下面两幅图所画的同样是我们生活中出现的物体。如果把箭头所指的物体作为描写对象,该如何思考运作,才使得所创作的文句内容丰富,且既能充分展现出物体特征,又能让人读了之后产生美好的感觉呢?

甲图　　　　　　　　　　乙图

按程序操作,就箭头所指的两个物体同时展开描写,其过程与结果如下:

A. 观察物体对象,先从其依存态、性状态及其静动态中选择所要描写的态以作为本态,并写出具体的范式,即:

对于物体₁,可选其注入性状态的依存态作为本态,所取范式是:"[依体+(依存式+性状度)]+(性状态+主体)"。据此描写的结果为:

桑叶上爬满了白白胖胖的春蚕。

对于物体$_2$，既选取注入性状态的依存态，也选取独立的性状态之动态，作为本态。所取范式为"[（性状态+依体）+关联式]+（性状态+主体）+独立性状态动态"，描写结果是：在辽阔的青藏高原上，湖水岸边，有一列由北京开往拉萨的"T-27"次特别快车，正以每小时260公里的速度行驶着。

B. 就上述所取的物体诸本态分别展开"求同"联想，摄取各自的比喻态样式，并按照"定理"对状物样式分别作出如下灵活选择：

根据物体$_1$的本态，联想摄取的比喻态样式是"像翠盘里装满了银条一般"，然后将本态与比喻态共选，构成依存态描写的叠加式。

根据物体$_2$之独立性状态的本态，联想摄取其比喻态样式为"像一条巨大的火龙飞驰而过"。然后，保留依存态之本态，将性状本态与比喻态共取而构成叠加式。

C. 按甲乙两物体诸态描写的范式及所取样式，分别描写，依次表达成句如下：

甲图：桑叶上爬满了白白胖胖的春蚕，就像翠盘里装满了银条一般。

乙图：在辽阔的青藏高原上，湖水岸边，有一列由北京开往拉萨的T-27次特快列车，正以每小时260公里的速度行驶着，就像一条巨大的火龙飞驰而过。

当然，凭借上面的程序还能实施有效阅读。其方法是：（1）识别句中所描写的物体名，再区别作者所取的态是依存态或性状态，还是它们的动态或静态。（2）判定诸态的样式，看哪是本态式，哪是比喻态式，哪是本态与比喻态的叠加式。（3）写出本句所用的组合排列范式，看作者是否作了特殊调整。（4）在此基础上，口头叙述作者实施描写的全过程。

阅读下面诸文段，按照前述方法，分析下列文句。

① 春风来了，春天的脚步近了。一切像刚刚睡醒的样子，欣欣然张开了眼。山朗润起来了，水涨起来了，太阳的脸红起来了。

② 桃树、杏树、梨树，你不让我，我不让你，都开满了花儿赶趟儿。红的像火，白的像雪，粉的像霞。

③ 野花遍地是，杂样儿，有名字的，没名字的，散在草丛里，像眼睛，像星星，还眨呀眨的。

④ 雨是最寻常的，一下就是三两天。可别恼。看，像牛毛，像花针，像细丝，密密地斜织着，落在人家的屋顶上，像笼罩着一层薄烟。

⑤ 月亮上来了，是一轮灿烂的满月。它像光辉四射的银盘似的，从那平静的大海里涌了出来。大海里，闪烁着一片片鱼鳞似的银波。

第二节　从正态到反衬态

如下面两幅图所示，如果对其中的物体₁"蓝天"与物体₂"云彩"之关系加以分析，就不难作出这样的确认：在这一特定的时空范围之内，"蓝天"与"云彩"是互相排斥的，即：若有"蓝天"，则无"云彩"；若有"云彩"则无

"蓝天"。这便是自然界中到处都有的"有此无彼"现象。也正是依据该现象，有一位作家在描写物体"天空"时，创作了这样一个文句："天空蓝汪汪的，一丝儿云彩也没有。"

显然，该句中的"天空"是物体名，"蓝汪汪的，一丝儿云彩也没有"是态，而且是性状色态的静态。如果再从正态与反衬态的层面上区分，"蓝汪汪"当为正态，而"一丝儿云彩也没有"则无疑是反衬态。

我们之所以称"蓝汪汪"为正态，是因为该态在甲图中所表明的时空范围内确实存在，是由作者通过对"天"的观察直接摄取的；我们之所以称"一丝儿云彩没有"为反衬态，是因为该态中所包含的物体"云彩"并不存在于甲图所表明的时空范围内，而是来自人的联想与否定。据此推理，在选态状物过程中，不管人所要描写的物体是什么，也不论所要描写的态是哪一种，凡确实存在且被人观察而直接摄取的态就是正态，凡不存在而被人联想且否定的物体构成的状物之态就是反衬态。

1 状物之正态与反衬态摄取的思考运作方法

从前述的文句看出，无论是正态，还是反衬态，都是可以用来状物的，且具有同等效应。那么，对我们来说，首先应该掌握的是如何摄取这样的状物正态与反衬态。为此，有必要先对上述作家的摄取思考运作过程作出如下图解：

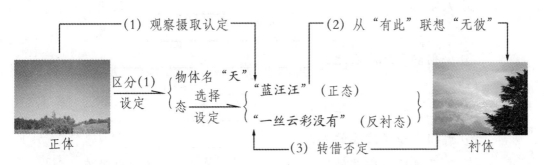

对天空如此，对其他物体依然。这一点，当然也可以通过更多对其他物体所作描写的图解展示得到进一步印证。例如：

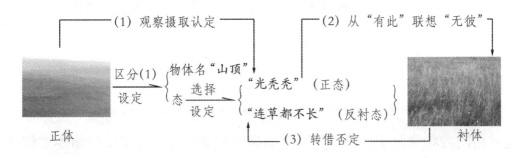

从上述图解看出，所谓人对状物之正态与反衬态的摄取，其实是建立在对同一时空范围内之不同物体互相排斥现象认识的基础上，通过"有此"到"无彼"的联想实现的，其思考运作的程序是：

（1）观察被描写物体，直接摄取其正体与正态。

（2）依据正体正态特征展开从"有此"到"无彼"的联想，获取别的物体作为衬体。

（3）转借并否定该衬体，以作为描写正体的反衬态。

对于状物的正态，并不难摄取，难就难在对状物之反衬态的摄取上。因为，这样的摄取不仅要以正态的摄取为前提，尤其要根据正态的特征展开"有此无彼"之联想，要从观察不到的众多其他物体中选择出一个与正体互相排斥的物体为衬体。如果这样的衬体一旦被选中，其转借否定自然不成问题。据此，为了突破上述程序中的运作难点，就应该首先抓住"有此无彼"联想这个环节，集中力量实施训练。其简便而有效的方法是，根据已知的正态去求相应的反衬态，诸如：

① 天空蓝汪汪的，_____也没有。
② 山光秃秃的，_____也不长。
③ 小狗静静地趴在地上，_____，_____。
④ 月亮_____，只剩下了多半边。
⑤ 杏儿已经熟了，一点儿也不_____。
⑥ 太阳发出了淡淡的光，_____。
⑦ 院子里闷热闷热的，_____也没有。

其实，通过上述训练所能收获的，不仅是认识范围的扩大，知识量的增加，也是对人发散思维能力的全面提升。如果这样的训练一旦奏效，就等于为正态与反衬态状物工作的顺利开展准备了最核心的条件，不可不为之。

2 状物之正态与反衬态选择的方式及定理

与前述的"本态"与"比喻态"一样，"正态"与"反衬态"虽然也有相近或相同的状物效果，却不是真正的物体独立之态，而仅仅是物体之依存态、性状态及其静态与动态的两种新的状物样式，叫做状物之态的正态式与反衬态式。其中，正态式是相对反衬态式而言的，反衬态式又是相对于正态式而言的，两者成双成对。据此，在描写物体的过程中，在对物体描写文句进行阅读的时候，必须从正与反两个方面思考判定，即：发现了正态就应该联想到其反衬态；发现了反衬态就应该联想到其正态。也就是说，正态与反衬态两态都要抓。至于什么时候用正态，哪种情况下取反衬态，也仅仅是人的选择。

正态与反衬态之状物样式的选择是灵活的，但选择的方式不超过三种，那就是：只取状物之态的正态样式；只取状物之态的反衬态样式；共取状物之态的正态与反衬态的叠加样式。究竟选取哪一种样式，既要看作者的意图及追求，又要看不同样式的不同表达功能及效果。一般地说，如果追求物体描写的真实准确，就只取其正态式；如果要扩大物体描写的时空范围，就只取反衬态式；当然，如果既要求追物体描写的真实准确，又要扩大物体描写的时空范围而激发人的联想，就必须取其正态式与反衬态式的叠加式。这一点，可借助下表的实例去进一步体会。

描写物体 \ 样式功能 描写文句	只求真实准确可取正态样式	只求扩大时空可取反衬态样式	既追求真实准确，也扩大时空，可取正态与反衬态的叠加样式
天空	天空一片乌蓝。	天空中一丝云彩也没有。	天空一片乌蓝，一丝云彩也没有。
山	山光秃秃的。	山上连一根小草也不长。	山光秃秃的，连一根小草也不长。
月亮	月亮剩下了多半边。	月亮像被什么吃掉了一块似的。	月亮像被什么吃掉了一块似的，只剩下多半边。

反衬态样式也有它不可取代的功能，那就是当正态描写困难或难以造成某种气氛时，则可直接选用反衬态样式。例如：如果要写"大雪山"的荒凉，则可直接取反衬态样式描写此时此地不存在的物体（无彼），即："这里没有人烟，没有花草树木，甚至连一条小路也没有。"所谓"千山鸟飞绝，万径人踪灭"，就是古人用反衬态样式描写荒凉之极的范例。

至于什么时候只追求真实准确，什么时候只追求扩大时空范围，什么时候又两者共同追求，那是相比较而言的，主要看所描写物体在文中的地位，并按下述定理实施灵活选择：

> Ⅰ．对文中被描写的大多数物体（一般物体），只需追求其真实准确，应取正态样式。
> Ⅱ．对文中被描写的少数一般物体，或者只追求扩大时空范围，或者正态描写难以奏效时，则取反衬态式。
> Ⅲ．对文中被描写的个别重点物体之态，或者重点物体的重点态，需要共同追求其真实准确及扩大时空范围的，则取正态与反衬态的叠加式。

明确了"正态"及"反衬态"的生成原理和功能，掌握了它们的摄取方法和选择定理，仅为我们对物体描写的有效实施准备了必要的先决条件。在此基础上，要实施对物体的有效描写，还必须进一步掌握有关"正态"与"反衬态"描写的组合排列范式。

3 状物之正态与反衬态的组合排列范式

显然，"正态"与"反衬态"并非物体的独立之态，而仅仅是物体之态的一对状物样式，其选择描写的组合排列范式，也依然是如同前三章提供的那些有关描写物体依存态及性状态的范式。因此，所谓"正态"与"反衬态"样式的选择与确认，也只能在前述物体依存态及性状描写的组合排列诸范式之内实施。这里仍然有必要作出分门别类的说明。

3.1 在性状态独立状物［●］的范式之内，选取正态与反衬态样式

性状态独立状物的范式有三种，即：

性状态 + 物体名
物体名 + 性状态
性状态 + 物体名 + 性状态

范式不同，所取性状态的样式灵活多样，须分别说明。

3.1.1 "性状态 + 物体名"范式之内的正态与反衬态样式

无论式中的性状态是单项或者多项，在绝大多数情况下可取正态式，这种正态式也包括了前面所述的本态式与比喻态式，用"＿＿"标示。若式中的性状态只为单项，有时可取反衬态式（用"..."标示），有时又取正态与反衬态的叠加式（用"＿..."标示）。不管哪一种样式选择，均可从下面的词组中找到相应例证：

鱼鳞似的波纹　　　　鲜红的太阳
哇哇的叫声　　　　　刺骨的寒风
一轮金黄色的圆月　　高而远的天空
密密层层的树叶　　　鹅毛般的大雪
无头的苍蝇　　　　　一眼望不到边的稻田
没有成熟的李子　　　数不尽的星星
无底的深渊　　　　　无边无际的大草原
密不透风的叶子　　　辽阔无际的天空

3.1.2 "物体名＋性状态"范式内的正态与反衬态样式　如果该式中的性状态只为单项,其样式选择有三种:大多数情况下只取正态式;在少数情况下,有取反衬态式的,还有正态与反衬态叠加式的。如果式中的性状态为多项(两项或两项以上),其样式选择亦有三种:一是各项之态只取正态式;二是有的取正态式,有的取反衬态式;三是有的取正态式,有的取正态与反衬态叠加式。不管哪一种选择方法,均可从下面文句中找到相应例证:

月儿<u>圆圆的</u>,<u>像一面大铜锣</u>。

月儿<u>渐渐地扁了</u>。

湖水<u>平静得像一面镜子</u>。

月儿<u>已经不那么圆了</u>。

树叶<u>一动也不动</u>。

屋子里<u>一点儿也不冷</u>。

春风<u>暖洋洋的</u>,<u>一点儿也不觉得冷</u>。

太阳<u>发出了淡淡的光</u>,<u>一点儿也不耀眼</u>。

月亮<u>像被什么吃掉了一块儿似的</u>,<u>只剩下了多半边</u>。

小草儿<u>嫩嫩的</u>,<u>绿绿的</u>。

湖水<u>平静得像一面镜子</u>,<u>绿得像一块儿碧玉</u>。

稻子<u>熟了</u>,<u>黄澄澄的一大片</u>,<u>像铺满了一地的金子</u>。

松树、柏树啊,<u>不怕冷</u>,<u>还是那么绿</u>。

地里的泥土<u>解冻了</u>,<u>踩上去软绵绵的</u>,<u>像铺了一层厚厚的地毯</u>。

树上的叶子<u>绿得发亮</u>,<u>一片挨着一片</u>,<u>密不透风</u>。

太阳<u>像个大红球</u>,<u>发出了淡淡的光</u>,<u>一点儿也不耀眼</u>。

3.1.3 "性状态＋物体名＋性状态"范式内的正态式与反衬态式选择　从形式上看,该式内的性状态为多项,至少也有物体名之前后两项。但事实上的性状态之项有三种,那就是:有时只为一项,有时为两项,有时则两项以上。如此,针对不同情况,态之样式的选择也各异,一般有这样几种:一是在大多数情况下,若性状态有两项或两项以上,可全取正态式;二是若性状态有两项或两项以上,有的取正态式,有的取反衬态式;三是若性状态有两项或两项以上,物体名前取正态式,物体名后取正态式及叠加式;四是所取的性状态只有一项,物体名前取正态式而物体名后取反衬态式,构成叠加式。不管哪一种选择方法,均可从下面文句中找到相应的例证：

大红枣儿甜又甜。

紫红色的葡萄一串串。

熟透了的杏儿黄澄澄，又软又甜。

熟透了的杏儿一点儿也不酸。

没有熟的李子又苦又涩。

成熟了的李子一点儿也不涩。

熟透了的杏儿黄澄澄的，一点也不酸。

金黄色的稻谷沉甸甸的，一眼望不到边。

起伏的青山（连绵不断）。

起伏的青山，一座挨着一座，（连绵不断）。

哒哒哒的马蹄声（接连不断）。

滔滔黄河，（日夜奔流，永不停息）。

茫茫草海，望不到尽头。

柔和的灯光一点儿也不刺眼。

极小的毛孔几乎看不见。

微弱的声音几乎听不见。

3.2 在依存态[○]及依存态注性状范式内，选取正态与反衬态样式　可将范式展示如下：

> 主体 ぁ [依体 ぁ 关联式]
> （性状态＋主体）ぁ [（性状态＋依体）ぁ（性态度 ぁ 关联式）]

尽管这两个范式有所不同，但这仅仅属于有无"枝叶"的差异，它们的结构主干都是依存态，因而均可被看做是依存态状物范式。据此，如果要对其状物之态的正态及反衬态样式作出选择，无疑应该按"先主干后枝叶"分层实施，即在选择确认其依存态样式的基础上再对所注性状态的样式作出选择确认。

3.2.1 在一般情况下，对式中用以状物的依存态（单项或多项）均选取其正态样式　此时，若需要给式中主体、依体注入性状态，该性状态样式的选择则是灵活的，仅有三种方法：或只取正态式，或只取反衬态式，或共取正态与反衬态叠加式。此三种方法，均可从下面的文句中找到相应的例证：

桑叶上爬满了白白胖胖的春蚕。
我的家乡嘉兴市，位于沪杭铁路的中段，长江以南的杭嘉沪平原上。
银河系就处在浩瀚无际的宇宙中。
山谷中升起了一团团乳白色的浓雾。
中山桥就横跨在黄河上，把南北两岸连成一体。
天山就处在我国大西北，横亘几千里，把辽阔的新疆分成南北两半。
蚂蚁爬到树叶上，来回跑着。
火箭离开了发射架，飞向天空，穿过大气层，几分钟后就进入了预定的轨道。

3.2.2 在特殊情况下，对式中用以状物的依存态均选取其反衬态样式 此时，若需要给式中的主体或依体注入性状态，可只取其正态式。例证如下：

月亮从西边天空落下去了。
树上的叶子已经落尽。
太阳还没有从东方升起来。
远处的塔、小山都看不见了。
天空中一丝儿云彩也没有。
小船很快就淹没在波涛汹涌的大海中。
秦岭西北部太白山的远峰、松坡，渭河下游平原上的竹林、村庄、市镇，都笼罩在茫茫的雨雾中了。

3.2.3 在不少情况下，对式中用以状物的多项依存态，一部分取正态式而另一部分取反衬态式 此时，若给式中的主体或依体注入性状态，一般取正态式。对此，可从如下文句中找到相应例证：

一只野兔从草丛里跳出来，飞快地向北奔跑，跳上一座小山冈，一转眼就消失在密林中。
小船在江面上起伏着，还没有到达江心，就沉没在滔滔的江水中。
汽车出了城区，既没有去火车站，也没有去飞机场，而是沿着一条坑坑洼洼的小路向前驶去，直奔一片茂密的白桦林。

3.2.4 在个别情况下，对式中用以状物的（单项或多项）依存态，有的可选取正态与反衬态叠加式，有的还可选取正态式及正态与反衬态叠加式 此时，若需要给式中主体或依体注入性状态，一般取正态式。对此，可从下面句子中找到相应例证：

太阳还没有（从海面上）升起来，只露出了半边红红的脸。

汽车掉进烂泥中，（有一大半已经看不见了，只剩下驾驶室的顶部）。

3.3 在依存态与性状态并列 [◐] 及其注入性状 [◑] 的范式内，选取正态与反衬态样式 为此，先将两组范式展示如下：

```
主体 + [(依体 ぁ 关联式) ぁ 性状态]
(性状态 + 主体) + {[(性状态 + 依体) ぁ (性状度 ぁ 关联式)] ぁ 性状态}
(依体 ぁ 关联式) + 主体 + 性状态
[(性状态 + 依体) ぁ (性状度 ぁ 关联式)] + (性状态 + 主体) + 性状态
```

不难看出，无论是"◐"式，还是"◑"式，都具有相同的结构主干，那就是依存态与性状态并列。所不同的仅仅是"◐"式没有注入性状，"◑"注入了性状，即前者没有枝叶而后者添加了枝叶。因此，在选择状物之态的正态与反衬态样式时，可将二者统一起来，按先主干后枝叶的方法分层实施。

3.3.1 在一般情况下，对状物式中相并列的依存态与性状态均选取正态式 此时，如果需要给其中的主体、依体注入性状态，该态的样式不受限制。这一切，均可从下列文句中找到相应例证：

银光落在水面上，闪闪发光。

小草儿偷偷地从土里钻出来，嫩嫩的，绿绿的。

细雨洒落在树叶上，那声音轻轻的，低低的，像微风吹动琴弦，像落花飘零水上。

太阳白亮亮的，从天空中直射下来。

月儿弯弯的，就悬挂在西边的天空中。

荞麦花儿开得正旺，粉红色的，一片连一片，漫山遍野都是。

池塘里装满了水，明晃晃的，像一面大镜子。

山后涌起了一团团的乌云，黑沉沉的。

沙滩上露出了奇形怪状的大珊瑚，像树枝，像鹿角，像菊花。

3.3.2 在很多情况下，对式中相并列的依存态与性状态之样式选择有两种，或者正态式依存态与反衬态式性状态并列，或者反衬态式依存态与正态式性状态并列 此时，是否给式中的主体、依体注入性状态，或者取什么样式，均不受限制。这一切，均可从下列文句中找到相应例证：

小狗儿趴在地上，一动也不动。
蝉儿躲在树叶的下面，一声也不叫。
春风吹在脸上，一点儿也不觉得寒冷。
树上掉下几颗熟透了的李子，吃起来一点儿也不涩。
漆黑的夜里射出了一道白光，照得人睁不开眼。
铁笼里睡着一只大老虎，一动也不动。
早晨，天气晴朗，万里无云。
天空蓝汪汪的，一丝儿云彩也没有。
潜水艇的外舱是完全封闭的，上面连一点儿缝隙也没有。

3.3.3 在不少情况下，对式中相并列的依存态和性状态之样式，可选正态式依存态与正态、反衬态叠加式性状态搭配 此时，是否再给式中主体及依体注入性状态，取什么样式，不受限制。这一切，均可从下面的文句中找到相应例证：

田野、村庄就笼罩在淡淡大雾中，模模糊糊，看不清楚。
雨点儿洒落在树叶上，那声音轻轻的，低低的，几乎听不见。
春风吹在脸上，一点儿也不觉得寒冷，像母亲的手抚摸着你。
葫芦的叶子上爬满了小虫，密密麻麻数不清。
他脚上穿一双白底黑帮的新布鞋，看上去不大不小，正合适。
大钟的下面挂着一个小圆盘，不快不慢，匀速摆动。

综上可知，由于人们对"有此无彼"现象的认识生成了大脑从"有此"到"无彼"之联想的思维方式，从而也生成了从"正态"到"反衬态"的一对摄取方法。正是借助这对摄取方法，进而生成了"正态"与"反衬态"这对相克相生的状物之态样式。再加上人的灵活选择和运用，终于生成了内涵丰富、形式多样、功能各异的语言文句。因此，在描写物体之依存态及性状态的过程中，紧紧把握住这样一条生成的线索，实施对"正态"与"反衬态"状物的集中训练，所能获得的除丰富多彩的语言文句外，更可以锻炼写作者的语言创造与组织能力。然而，这样的训练还必须按照以下程序思考运作：

A. 观察所要描写的物体对象，从其依存态及性状态中选择确认所要描写的态，以作为正体正态，并写出状物范式。

B. 就式中的诸态展开"有此无彼"的联想，摄取其各自的反衬态（无彼）样式，并按"定理"对其样式实施灵活选择，或只取其正态式，或只取其反衬态式，或共取其正态、反衬态的叠加式。

C. 按照范式，就其中的物体名与态及样式组合排列，实施描写，表达成句。

演示一

已知，右图中是我们常见的动物。如果把它作为我们的描写对象，该如何描写才能展现出它此时此地的特征呢？请按"正态与反衬态描写程序"运作。

描写的思考运作过程及结果如下：

A. 观察画中物体，先从中区分选择其"物体名"及"依存态"、"独立性状态"作为正体正态，并用范式"主体＋[依存态（关联式＋依体）＋独立性状态]"组合排列，表达如下：

小狗＋[趴在地上＋静静地]

B. 就上述依存态及独立性状态展开"有此无彼"联想，摄取它们各自的反衬态样式。然后，按"定理"作出如下选择：

保留依存态正态式，不取其反衬态式，为"趴在地上"。

从性状态"静静地"联想所取的反衬态有两个：一个是形态"一动也不

动",另一个是声态"一声也不叫"。这里,不再取其正态式,只取反衬态式。

C. 按前述范式将物体名与所选之正态样式的依存态及反衬态样式的两个性状态组合排列,表达成句如下:

　　小狗儿趴在地上,一动也不动,一声也不叫。

演示二

已知,右图所画的是一个取自甘肃文县境内的景象,其最突出的物体是[]。请认真观察,看这些物体最突出的特征是什么。如果把这些物体作为我们的描写对象,该如何描写才能展现出它们最突出的特征呢?

按"正态与反衬态样式选取描写程序"运作,其过程与结果如下:

A. 观察画中的那些物体,从中区分摄取出其"物体名"及"依存态"、"性状态",以作为正体正态,并用范式"[依体＋关联式)]＋(性状态＋主体)＋独立性状比喻态"组合排列,表达如下:

　　[在甘肃文县的每一处＋都有]＋(陡峭＋山峰)＋像一把把倒竖着的利剑。

B. 根据上述依存态及独立性状态的正态式展开"有此无彼"联想,分别摄取它们各自的反衬态样式,然后按定理灵活选择如下:
只选取依存态的正态样式,描写为"在甘肃文县境内,到处都有陡峭的山峰。"
既选取独立性状态的正态式"像一把把倒竖着的利剑",又选取独立性状态的反衬态式"连猴子也爬不上去",共同构成叠加式。

C. 用上述范式将"物体名"及各种所选样式的态组合排列,表达成句如下:

　　在甘肃的文县境内,到处都有陡峭的山峰,像一把把倒竖着的利剑,连猴子也爬不上去。

借助上面的程序，无疑也可以实施有效阅读。其方法和要求是：（1）先识别句中的物体名，再识别所取之态，或"依存态"，或"性状态"，或它们的"静态"，或它们的"动态"。（2）判定诸态的样式，或正态式，或反衬态式，或正态与反衬态的叠加式，并分别说出各自的表现功能。（3）写出作者描写所用的组合排列范式，看作者描写时是否作了特殊调整。（4）根据上述识别的结果，凭借"程序"，叙述作者创作该句的思考运作过程。

根据前述方法分析下面的文句。

① 地里的泥土解冻了，看上去松蓬蓬的，踩上去软绵绵的。

② 那是一个无底的深渊。

③ 山顶上积满了终年不化的冰雪。

④ 茫茫草海，望不到尽头。大队人马已经过去了，只留下一条踩得稀烂的路，弯弯曲曲，一直伸向远方。

⑤ 乌云黑沉沉的，从天空中压下来。树叶儿一动也不动，蝉儿一声也不叫。

第三节　实写与虚写相融合

无论是正态与反衬态，还是本态与比喻态，都是状物之依存态及性状态的两对样式。从前两节所述的思考运作看，两对样式各有其独立意义，似乎互不相干，可分别图示如下：

但在事实上，这两对不同样式既有重合之处，也有相离、相交之处，如下图所示：

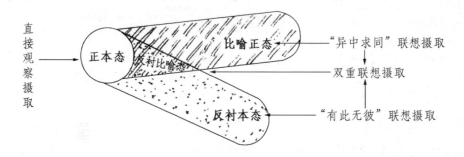

不难看出，两对样式的重合之处在于正态与本态，合而言之应叫做正本态。这是因为，我们之前所说的正态与本态，其实都是通过人的观察直接摄取的同一态，只不过有两种不同的说法，那就是：由观察摄取的态是真实存在的，叫正态；而由观察摄取的态也是物体本身的，因而又叫做本态。为此，当我们把观察摄取的物体之态，既看做真实存在的态，又视为物体本身的态，就合称为正本态，不仅是合理的，也是属实的。也就是说，以正本态为出发点，展开"异中求同"之联想，所摄取的状物之态样式，就不是单纯意义的比喻态，而应该是具有双重意义的比喻正态。同样，从正本态出发，展开"有此无彼"之联想，所摄取的状物之态样式，也不是单纯意义上的反衬态，而是具有双重意义的反衬本态。自然，从正本态出发，展开"异中求同"与"有此无彼"的双重联想，所摄取的状物之态样式，既非单纯意义上的比喻态，也非单纯意义上的反衬态，而是具有双重意义的反衬比喻态。这就是说，上述两对不同的取态方法是可以融合的，由此也导致了状物之态诸样式的融合。从这个角度说，状物之态的样式共有四种，即正本态、比喻正态、反衬本态及反衬比喻态。这四种状物之态样式各不相同，而且各有自己不可替代的状物功能，即如下表所示：

选态状物的文句	状物之态	状物样式	表现功能与作用	描写标示
小草儿嫩嫩的，绿绿的。	性状态	正本态	真实确切 感受直观 激发情感	实写"——"
池塘里装满了水。	依存态			
树上的柿子，像一个个红灯笼。	性状态	比喻正态	形象生动 引发联想 利于抒情	虚写"……"
天空布满了星星，如同巨大的黑色幕布上镶满了宝石。	依存态			
蝉儿一声也不叫。	性状态	反衬本态	超越时空 引发联想 利于抒情	虚写"……"
小河里，连一块薄冰也没有了。	依存态			
月儿像被天狗吃掉了一块似的。	性状态	反衬比喻态	形象生动 利于抒情 超越时空 引发联想	虚写"……"
山上不长草，就像和尚头上没有头发。	依存态			

自然物体的态是确定的，但人的状物则需要选态，这叫选态状物。这样的选态有两层：先是从物体之依存态及性状态中选取状物之态；再从正本态、比喻正态、反衬本态、反衬比喻态之诸样式中选取状物之态的样式。这样的选态又是根据状物之态及其样式的表现功能实施的，而这种功能正是作家们所追求的状物目标。反过来说，单纯的功能目标追求，只能选取单纯的状物态样式，即如上表各句所描写的。如果追求的功能目标是多重的，则需要选取多种样式，或者互相搭配，或者多重叠加。这就是状物过程中各种态及样式在同一物体描写文句中的融合，即实写与虚写的融合。下列文句（用"——"标示的是实写，用"……"标示的是虚写）便是：

  月儿弯弯的，像小船。
  稻子熟了，黄澄澄的一大片，像铺满了一地的金子。
  桑叶上爬满了春蚕，就像翠盘里摆满了银条一般。
  天底下是一眼望不到边的稻田。

小山光秃秃的，连一株小草儿也不长。

春风吹在脸上，一点儿也不觉得寒冷，像母亲的手抚摸着你。

月儿像被天狗吃掉了一块似的，只剩下了多半边。

其实，作者对状物功能的追求是灵活的，或者是单纯的，或者是多重的。但一般地说，通过"真实确切"描写，达到让读者"直观感受"，从而"激发情感"，那是所有作者追求的基本目标。这就使得把选择状物之态的正本态样式加以描写，即实写，就不能不是作者选态状物的基本方法和手段。至于比喻正态、反衬本态、反衬比喻态样式的选择与描写，即虚写，虽然不可缺少，有时也非常重要，但仅仅是正本态样式的辅助样式，因而不是大量的。

其实，实写与虚写的融合，不仅贯穿于对独立物体描写的造句中，也还贯穿于对众多不同物体作共同描写的文段创作中。怎样把实写与虚写融合在描写众多物体的文段创作之中，这才是本节讨论的重点。

1 用"实写"与"虚写"相融合的方法实施对"画面"及"过程"内的描写

这里所谓的"画面"及"过程"其实就是我们在前三章中已经介绍过的那种"画面"及"过程"。当时，由于我们所采用的描写摄取方法还没有"联想"，而仅仅是直接观察，所取其中诸物体状物态的样式都是正本态，因而属于单纯的实写。那么，在这个基础上，又如何将虚写的方法融入其中呢？为此，我们首先应该把构成"画面"及"过程"的诸多物体区分为三类，那就是：一般物体、特殊物体及核心物体。所谓一般物体，就是在"画面"或"过程"中，只具有结构作用的绝大多数物体；所谓特殊物体，就是在"画面"或"过程"中，既有结构作用，又与大多数一般物体不同而具有鲜明特点的少数物体；所谓核心物体，就是既对"画面"或"过程"有结构作用，又具有很高价值，并与人关系最密切的个别物体。为此，描写方法的选择可按如下定理实施：

> Ⅰ. 对绝大多数的一般物体，只取其状物态的正本态描写，叫实写。
>
> Ⅱ. 对少数特殊物体，只取其状物之态的其他样式，或比喻正态、或反衬本态，或反衬比喻态，实施描写，叫虚写。
>
> Ⅲ. 对个别核心物体，可共取状物态的正本态及其他样式相融合的方法描写，叫做实虚结合的描写。

其实，作家们正是以此定理去区分物体，选择方法，分别描写的。由此所创作的"画面"层次鲜明，重点突出；由此所创作的"过程"也节奏明快，有疏有密，重点突出。例如：

下面的文段是围绕着一个"秋"字而展开的"画面"及"过程"描写。请在阅读的基础上，运用上述定理实施分析：（1）识别区分每一物体的状物之态及样式，据此判定哪些是实写，哪些是虚写，哪些是实虚结合的描写；（2）再看哪些物体是作者认为的一般物体，哪些是作者认为的特殊物体，哪些是作者认为的核心物体，作者是依据什么认定的；（3）就实写与虚写的数量作一比较，从中会得出怎样的结论。

秋　天

天，是那么高，那么蓝。蓝蓝的天空飘着几朵白云。天底下是一眼望不到边的稻田。稻子熟了，黄澄澄的一大片，像铺满了一地的金子。稻田的边上有一个池塘，池塘的岸边有一棵高大的梧桐树，树上的叶子已经黄了。

忽然，一阵秋风吹来，树上落下几片黄叶。有的落在岸上，蚂蚁爬上去，来回跑着，把它当做运动场；有的落到水面，小鱼游过去，藏在底下，把它当做伞。

前一段文字描写的显然是一个"画面"，其中的物体名依次是：天、云、稻田、稻子、池塘、梧桐树、叶子。从状物之态的样式看，"稻子"应该是作者认为的核心物体，其余的六个属一般物体。那么，作者何以作出这样的区分呢？这是因为，如果把"稻子"与其他物体做比较，没有哪一个物体比"稻子"与人的关系更密切，没有哪一个物体的态比"稻子"的态更令人喜悦。后一段文字描写的是一个"过程"，其中的物体名依次是：秋风、黄叶、蚂蚁、小鱼。这里，由于"蚂蚁"、"小鱼"与人的关系并不密切，自然就不是核心物体。但是，由于它们都是小动物，又能给"过程"的描写增添活力，且与众不同，应属特殊物体。因此，其所选用的状物态样式也是比喻正态样式，而且是从人那里借来的"心理"之态，从而表达了作者的愉快心情。可见，作者描写秋天"画面"及"过程"时，之所以把"稻子"确定为核心物体，又把"蚂蚁"与"小鱼"确定为特殊物体，除了这些物体自身的特点外，全出自作者的"人本思想"。正是这个"人本思想"也成了所有作家确定核心物体的重要标准。

那么，在描写自然画面及过程时，我们也从"以人为本"的思想出发，确定核心物体而加以重点描写。

演示一

右图描绘的是甘肃陇南地区的一处场景。请在观察的基础上，按下列程序思考运作，将该画面及过程描写成文：（1）摄取自然"画面"及"过程"中的构成物体，并将其物体名组合排列成画面静态链及过程动态链。（2）从中区分确认出一般物体、特殊物体及核心物体。（3）按定理实施实、虚融合的描写。

A. 观察画面及过程，从中区分摄取结构的诸多物体，并按照画面静态链及过程动态链的结构顺序，分别将其物体名组合排列如下：

a. 画面静态链：

镇子（1）→大山（2）→石崖（3）→石洞（4）→工人（5）
↓
平地（6）→矿石（7）→卡车（8）
↓
小河（9）→水（10）
↓
小草（11）←河岸边→盐碱地（12）→树（13）→鸟窝（14）→喜鹊（15）

b. 过程动态链：

风（1）→碱土（2）→工人（3）→洞（4）→烟（5）
↘
树叶（6）→枝干（7）

B. 将上述"画面"及"过程"中的物体分别区分为一般物体、特殊物体及核心物体。然后，按定理对各自的描写方法选择确认。

a. 画面中，由于"水"与人的关系最密切，应看做核心物体，可取实虚结合方法作重点描写。特殊物体应该是"小草"、"喜鹊"，可实施虚写。其他的一概为一般物体，作实写。

　　b. 过程中，由于"土"、"树"与人关系最密切，应看做核心物体作实虚结合描写，"树叶"为特殊物体作虚写，其他的都是一般物体作实写。

　　c. 按上面已确定的结构顺序，对诸物体依次描写，表达成文，再现画面及过程如下：

　　黄石镇的背后有一座很大的山，山的脚下有一堵大石崖，石崖上有一个石洞，里面住着两位农民工。石崖的前面有一块平地，上面堆满了铅锌矿石，旁边停着一辆装满了矿石的大型载重卡车。平地的东侧有一条河，河面很宽。以前，有一股清清的水从这里流过，后来渐渐地浑浊起来，干涸了，只留下一片铅灰色的泥浆。小河的岸边，小草儿不见了，只剩下一片白茫茫的盐碱地。盐碱地上有几棵高大的白杨树，树上有几个鸟窝，原先住着几只喜鹊，可现在什么也没有了。

　　忽然，一阵寒冷的西北风从峡谷中刮来，把岸边的碱土卷起，就像雪花在天空中飞扬。看守工人赶紧钻进石洞里，石洞里冒出了一团团的青烟。石洞外面，近处树上的叶子早就落光了，只剩下一些孤零零的丫权和枝干在寒风中抖动着，发出了呜呜的哭泣声，就像丧失了爹娘的孩子。

2 用"实写"与"虚写"相融合的方法可实施画面及过程的内外描写

　　这里所说的实写对象特指"有此"，这里所说的虚写对象特指"无彼"。两者的融合方式是我们前面已介绍过的"有此"与"无彼"的联系方式。运用这种方式摄取描写的虽然也是画面与过程，但这种画面与过程是超越时空的，与前述的画面过程截然不同，是一种新的画面过程，即有此画面过程与无彼画面过程。

2.1 静态的"有此无彼"画面描写　　就是在确定的时空范围内，无论是若"有此"必"无彼"，或者是若"无彼"必"有此"，其"有此"与"无彼"都具有"X+Y"的关系，只不过是静态的。其摄取的方法只有一种，即先观察"有此"，再联想到"无彼"。其描写的方法则是灵活的，有的可从"有此"写到"无彼"，有的可从"无彼"写到"有此"，它们共同的范式为：

> 确定的时空＋（观察描写有此画面 ぁ 联想描写无彼画面）

有时,可根据画面自身的结构特征,从"有此"入手,再描写到"无彼"。例如：

在我国四川省的西部,有很多的大山脉,山上积满了终年不化的白雪［实写"有此"］。这里没有人烟,没有树木花草,没有飞鸟走兽,甚至连一条小路也没有［虚写"无彼"］。

这其实是一种特殊的摄取描写方法,可在两种情况下运用：一种是若"有此"画面的描写难以奏效时,不如用联想的手段摄取描写"无彼"画面,以反衬的方式显现出"有此"画面的特征。例如,上面的描写就是以"无彼"画面的描写反衬出"有此"大雪山的荒凉特征。另一种是,作者的用意并不在于展现"有此"画面的真实与准确,而在于表达一种感情。例如,上面的描写虽然没有展示出"有此"画面的真实性与确切性,但通过"无彼"描写却充分表达了作者的失落悲凉之情。这是因为,那些"无彼"的物体及状态在人的心目中是美好的。这就印证了鲁迅先生对悲剧的理解,那就是：悲剧把人生有价值的东西毁灭给人看。相反,如果我们要表达出一种美好的情感,就应该把那些丑恶的东西毁掉了给人看。这里不妨试作描写,看效果如何。

演示二

如右图所画,这是一个小镇的全貌。这个小镇地处陕西省宁强县东南的大山深处,与四川广元地区交界,叫单家岩镇。到过这里的人们,住上一夜,便不愿离去。这是因为,这里的空气新鲜,环境宜人,由此人的心情也特别愉快。那么按照"有此无彼"的结构,这里的"有此"画面是什么,"无彼"画面又是什么？怎样通过"有此无彼"的描写才能让更多人喜欢这个地方,并表达出作者愉快的心情呢？

描写的操作过程及结果如下：

A. 通过观察，直接摄取那些与众不同且令人赏心悦目的"有此"物体及状态，描写如下：

奇特的山峰石崖、翠绿的树木丛林、鲜艳的野花、别具风格的小楼、清澈见底的流水。

B. 就此展开"有此无彼"的联想，摄取描写那些令人厌恶的"无彼"物体及状态，即：

人们不知道什么叫"污染"，天空没有一点儿灰尘，空气中没有异味，集市的广场听不见嘈杂声，夏天没有闷热和烦燥，老人们从没有头晕目眩的感觉。

C. 按照"时空 +（有此 + 无彼）"之范式，将上述所摄取的所有物体实施描写，表达成文如下：

单家岩就在陕西省宁强县东南的大山深处。一座座奇特的山峰起伏连绵，环抱着陡峭的石崖；一层层浓密的树木像被染过似的，就环绕在小镇的四周；一簇簇别具风格的小楼就坐落在山坡上；五颜六色的野花到处都有；还有一条清澈见底的小溪哗哗地流着，穿过人家的院落［实写"有此"］。生活在这里的人们自然没见过什么大世面，甚至不知道什么叫"污染"。因为，这里的天空没有一丝灰尘，空气中嗅不到一丝异味，集市的广场上听不见嘈杂声。即使在炎热的夏天，那些上了年纪的老人们也没有闷热的感觉和丝毫的烦燥，更没有都市老人们常有的那种头晕目眩［虚写"无彼"］。

从上述两段文字的表达效果看，美好的"有此"可引发人的美好情感，而美好的"无彼"却可使人心情低落和悲哀；丑恶的"有此"可使人悲伤、烦燥，但丑恶的"无彼"又可使人产生轻松愉快的心情。这就是说，如果我们要表达一种美好的情感，就应该将美好的"有此"与丑恶的"无彼"相结合。同样，如果我们要表达一种失落、烦燥或者悲哀的情感，就应该将丑恶的"有此"与美好的"无彼"相结合。这便是作文表达时，选择"有此"与"无彼"的一个重要定理。除此之外，当然也可根据画面自身的特征，先从"无彼"入手，再写到"有此"。例如：

秋天的后半夜，月亮落下去了，太阳还没有升起来，只剩下一片乌蓝的天。

这显然是一个先虚写"无彼"，再实写"有此"的典型实例。从其中被描写物体所在时空看，"月亮"、"太阳"与"乌蓝的天"分别处于两个不同的时空范围。因为，在同一时空，其间是互相排斥的，所以将它们作出"无彼"与"有此"的描写是符合事实与逻辑的。从表现功能看，因"月亮"和"太阳"在人的心目中都是美好之物，作为"无彼"加以描写，自然会使人心中更为悲凉，由此也渲染了当时的社会环境与气氛。这一点，可通过另外的描写得到进一步印证。

演示三

一九六二年，正是豫东兰考县遭受内涝、风沙、盐碱三害最严重的一年。春天，风沙毁掉了二十万亩麦子，盐碱地上有十万亩禾苗枯死；秋天，洪水淹没了三十多万亩庄稼，全县粮食产量下降到历年最低水平。由此，到了冬天，许多地方的农民已经断了口粮，再加上随之而来的疾病，农村里死气沉沉，处处呈现的都是一幅幅苦难的景象。那么，对于这样的景象，怎样描写才真实确切而富有思想的力度呢？

作者描写的运作过程及结果是：

A. 通过对图中苦难景象之"画面"的观察感受，摄取若干"有此"物体。

摄取的"有此"物体为：雪雾、寒风、枯草。

B. 展开"有此无彼"的联想，摄取那些感受不到的若干"无彼"物体。

摄取的无彼物体是：被雪雾淹没的整个"兰考大地"、看不见的"人影"、听不见的"人声"。

C. 将"大地"与"雪雾"整合为"无彼"之依存态，将"寒风"与"枯草"整合为"有此"之依存态，将"人影"、"人声"整合为两个"无彼"之依存态，并按"无彼+有此"之范式组合排列，表达成文如下：

举目远望，整个兰考大地都沉浸在一片迷蒙的雪雾中。看不见人影，听不见人声，只有枯草在寒风中抖动。

如果对这段文字进行反复朗读，就不难体会出其中的"苦难"与"悲哀"。其原因不仅在于实施了"无彼+有此"的虚实结合描写方法，而其所选的"无彼"物体也正是"人影"、"人声"这种美好事物，因而符合"悲剧"构成原理。相反，如果像画家们作画那样直面观察，不去联想描写属于"无彼"的"人影"及"人声"，其表达效果将大打折扣。这一点，可通过朗读比较体会出来。

2.2 动态的"有此无彼"过程描写　在确定的时空范围内，由"有此"引发"无彼"，或者由"无彼"引发"有此"，两者之间具有"X+Y"的关系。若如此，所生成的范式应该有两种，那就是：

甲：确定时空 + [X"有此"物体 +Y"无彼"物体]
乙：确定时空 + [X"无彼"物体 +Y"有此"物体]

2.2.1 甲式描写的方法及实例

（一）

早晨［时间］，白茫茫的一大片雾［X"有此"］。远处的塔、小山，看不见了［Y_1"无彼"］。近处的田野、树林、村庄也模模糊糊，看不清了［Y_2"无彼"］。

（二）

春雨刷刷地下着［X"有此"，并融入"时节"］。透过玻璃车窗望去，秦岭西北部太白山的远峰、松坡，渭河下游平原上的竹林、村庄、市镇都笼罩在茫茫雨雾中了［Y"无彼"］。

其实，这样的甲式是可以活用的，那就是：在属于Y的"无彼"物体中，加入较小的"有此"物体。若如此,该范式就转化为"时空+[X"有此"+Y("无彼"あ"有此")]"。

在自然界和我们的生活中,常常可以发现由甲式及其活用范式所反映出的过程。反过来说,只要我们运用这样的范式去主动地发现,也一定能摄取描写出如同作家们所描写的文段。

演示四

右图是夏天公园里的一个场景。如果我们用范式"X(有此)+Y(无彼)"或"X(有此)+Y(无彼+有此)"观察该景象的变化,就一定能摄取描写出优美的文段。

描写的运作过程及结果如下:

A. 在完成对过程的观察之后,先摄取确认并描写X之"有此"物体。

太阳从东方升起来,把大地照得一片明亮。

B. 展开观察与联想,摄取确认并描写出属于Y的"无彼"及"有此"物体。

露珠儿不见了,水雾消失了,荷花更加艳丽。

C. 按"时间+[X(有此)+Y(无彼+有此)]"之范式,将上述摄取描写的"有此"与"无彼"组合排列,表达成文如下:

早晨,太阳从东方升起来,把大地照得一片明亮。荷叶上那些刚才还滚动着的露珠儿全不见了,湖面上那层轻轻飘散着的水雾也消失得干干净净。只有那一朵朵的荷花,在绿叶的映衬下,显得更加艳丽动人。

2.2.2 乙式描写的方法及实例

(一)

大海退潮了[X"无彼",融入"时间"]。岸边的沙滩上露出了各式各样的珊瑚,有的像树枝,有的像鹿角,有的像菊花[Y"有此"]。

(二)

不久[时间],雨住了[X"无彼"],云散了[X"无彼"],太阳出来了[Y"有此"],天空中还出现了一道彩虹[Y"有此"]。

(三)

春天[时节],山上的积雪融化了[X"无彼"]。雪水汇成了小溪,淙淙地流着[Y"有此"]。几只小鹿到溪边喝水,还不停地侧着身子观察自己倒映在水里的影子[Y"有此"]。小河里涨满了春水[Y"有此"]。一根根圆木从水上飞快地漂过,顺流而下,像一支舰队在前进[Y"有此"]。

与甲式一样,这里的乙式也可活用,方法是:在属于Y的"有此"之中再增加较少的"无彼"。这样,前面的乙式就会转化为"时空+[X"无彼"+Y("有此"+"无彼")]"。例如:

过了一会儿[时间],雾慢慢地散了[X"无彼"],太阳射出光芒来[Y"有此"]。远处的塔、小山看得见了[Y"有此"];近处的树林、田野也可看清了[Y"有此"]。柿子树上挂满红柿子,像一个个红灯笼[Y"有此"]。地里的庄稼收完了[Y"无彼"],人们忙着收白菜[Y"有此"]。

那么,我们能不能运用甲、乙式的活用方法分别实施对同一个自然过程及画面的描写,从而创作出新的文段呢?

演示五

右图所画的是一幅春天的景象。对此,既可用甲式及活用方法摄取描写,亦可用乙式及活用方法摄取描写。如果用甲、乙式及活用方法分别摄取描写,可怎样运作,其结果又如何?

可先用甲式之活用方法运作描写如下：

A. 在观察的基础上，先摄取描写 X 之"有此"物体。

X：春天来了，春风把温暖送回了大地。

B. 观察联想，摄取描写 Y 之"无彼"和"有此"物体。

Y：河里没有冰，水流着，鸭子在水里游着。

C. 按照甲式活用范式"X（有此）+Y（无彼 + 有此）"，将上述物态组合排列，并表达成文如下：

春天来了［时节］，春风把温暖送回了大地［X"有此"］。小河里，连一块薄冰也没有了［Y"无彼"］。河水慢慢地流着［Y"有此"］。几只鸭子跳进水里，快活地游来游去［Y"有此"］。

显然，由于上述的描写是按甲式活用要求去做的，自然就没有乙式活用要求的结果。但是，只要在这段描写文字之前，通过联想摄取，加上"寒冷的冬天过去了"之一句后，这段文字无疑就变成乙式活用所要求的结果了，即：

寒冷的冬天过去了［X"无彼"，融入"时节"］，春风把温暖送回了大地［Y"有此"］。小河里，连一块薄冰也没有了［Y"无彼"］。河水慢慢地流着［Y"有此"］。几只鸭子跳进水里，快活地游来游去［Y"有此"］。

这样的描写过程告诉我们：自然界的变化规律是确定的，但人的描写是灵活的，甲式活用方法与乙式活用方法是可以互相转换的。时间与自然界的变化也是连续不断的，连续的变化需要连续地描写，其方法之一就是将甲乙两式及活用式互相连接，交替使用，或者是"甲式活用 + 乙式活用"，或者是"乙式活用 + 甲式活用"。这一点，亦需通过具体实例来印证。

2.2.3 甲乙两式活用交替描写方法实例

（一）

早晨，白茫茫的一大片雾。远处的塔、小山看不见了。近处的田野、树林也模模糊糊看不清了。太阳像个大红球，慢慢地升起来，发出了

淡淡的光，一点儿也不耀眼。[甲式活用式]

　　过了一会儿，雾慢慢地散了，太阳射出光芒来。远处的塔、小山看得见了；近处的树林，田野也看得清了。柿子树上挂满了红柿子，像一个个红灯笼。地里的庄稼收完了，人们忙着收白菜。[乙式活用式]

（二）

　　六月十五日的下午，没有一丝儿风。乌云黑沉沉的，像一张巨大的棉被，慢慢地压下来。树上的叶子一动也不动，蝉儿一声也不叫，人们的心里闷得慌。[乙式活用式]

　　忽然，一阵狂风吹来，刮得树枝乱摆。树叶动起来了，蝉儿叫起来了。一只蜘蛛从网上垂下来，逃走了。也就在这时，人们心里的烦闷全没有了。[甲式活用式]

　　这样的描写也需要具体的操作方法。但是，掌握了甲式与乙式及各自活用的描写方法，也就等于掌握了甲乙两式活用交替的描写方法。

　　自然界的物体都是存在的，但在特定的时空范围内又都表现为"有此无彼"。凡自然界景象都是运动变化的，但这样的变化又是通过"有此"与"无彼"的交替呈现出来的。据此，人对大自然的描写，也就不能不按照"有此无彼"的规律实施。反过来说，当这个规律被我们掌握之后，它不仅仅是我们作文思考的文路，也更是我们认识世界、描写世界的普遍方法，其触角可以伸向我们生活的各个方面。

第5章

选态状物与取面绘景

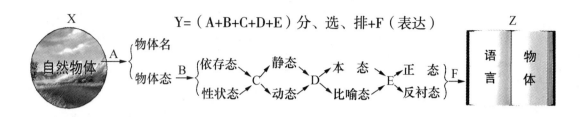

> **小知识**
>
> **"状物"与"选态"的含义**
>
> 所谓状物，就是描写物体的状态，呈现为"物体名ゐ物体态"。这样的描写包含多层次运作环节，即"Y=(A+B+C+D+E)+F"。但除了F为"表达"之外，其他的环节则都是对物体之意的区分设定与组合排列，而在B、C、D、E四个环节中还各有对态的选择：既有针对依存态与性状态的选择，也有针对静态与动态的选择，进而还有针对状物态样式的选择（包括本态与比喻态、正态与反衬态的选择）。也正是通过这样的选态，才能使所状之物既能展现出独有的个性特征，又能反映出其所在的特定环境，尤其还能表达出状物之人的情志。从这个意义上说，如果把描写物之状态的运作叫状物，选态则是该状物之中最为关键的一环，故称选态状物。
>
> **"绘景"与"取面"的含义**
>
> 所谓"景"，就是前四章中所说的静态链"画面"与动态链"过程"。然而对于这样的"画面"与"过程"，仅用物体链的方式展现其结构特点还远远不够。这是因为，从审美的角度看，这样的"画面"与"过程"是有立体感深度的，这种深度由众多不同的"面"按多层次方式共同构成。因此，为使所描写的"画面"及"过程"具有审美价值，就必须以"绘景"的手段摄取描写，而绘景的关键在于如何选取其中所包含的多层次之面。这就是说，如果状物的关键在于选态，绘景的关键则是选取面。至于这样的面是怎样构成的，我们又如何摄取，则正是本章要讨论的重点。

第一节 选态状物造句法

把一个独立物体用文句描写出来并不难,但要将此物体描写得生动优美、逻辑清晰,还需要正确的方法指导和勤加练习才可以做到。在对大量名家作品分析研究的基础上,我们构建了物体描写的造句方法,可用下面的图示表述出来:

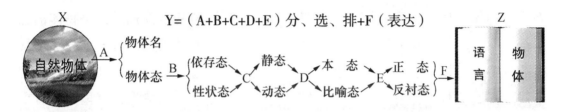

从发生与发展的历史进化角度看,"A"是具有决定意义的第一步,那就是:人们把物体之意首次区分为"物体名"和"物体态",并以态状物,所得者便是一个最原始的物体描写之句,即标志着物体描写文句的诞生。"B"是具有关键意义的第二步,那就是:在完成"A"的基础上,把物体之态区分为"依存态"和"性状态",并选态状物,使所得的物体描写句内容具体明确、形式多样,这标志着人们对物体的存在与性状作出了区分确认,并用不同的语言作出区分描写。"C"是具有关键意义的第三步,那就是:在完成"B"的基础上,把所确定的"依存态"及"性状态"分别区分为"静态"与"动态",并选态状物,使得文句既能表现物体依存态及性状态的稳定特征,又能表现出物体依存态及性状态的运动变化。这不仅标志着物体描写文句已经趋向完善,也说明从相对静止和相对运动变化的角度观察物体是一种行之有效的写作方法。"D"是具有进步意义的第四步,那就是:在完成A、B、C的基础上,又把状物之态区分为"本态"与"比喻态"两种不同的样式,并选态状物,使所得文句中的状物之态具有了一对新的样式。这说明我们可以在观察的基础上展开"异中求同"的联想,实施转借比喻状物。其中的"E"是具有进步意义的第五步,那就是:在完成A、B、C、D的基础上,又把物状之态区分为"正态"与"反衬态"两种不同样式,并选态状物,使所得文句中的状物之态具有了另一对新的样式。这说明我们在观察取态的基础上可通过"有此无彼"的联想获得状物之态。至于其中的"F",则是在区分选择的基础上实施组合排列与表达,它贯穿于A、B、C、D、E每个发展环节之中。

上述的过程展示出了物体描写及文句发生发展的逻辑结构。正是这个结构,最终浓缩在现代人的大脑中,可在瞬间完成遣词造句,所生成的便是属于现代人的物体描写造句法,或者叫做选态状物造句法。显然,这样的造句法其实是一个关于物体描写的信息变换过程,其所涉及的三大领域是:"X"为自然物体领域,"Y"是人脑思维领域,"Z"是语言表达领域。所谓信息变换,就是通过人脑思维Y的活动,把本属于X领域的自然物体之信息变换为Z领域的语言表达之物体信息。变换的核心机制是人脑Y,变换的基本方式是:将物体信息进行多层分解,再在分解的基础上选择,又在选择的基础上组合排列表达。其中的分解有具体方法,其中的选择有具体的定理,其中的组合排列也有具体的范式。其实,对于分解方法和组合排列范式我们已经相当熟悉,这里需要着重说明的是状物的选态定理。即:

> Ⅰ.在分解的基础上,选择那些与众不同且给人感受最强烈的态,以此展示出物体的个性。
>
> Ⅱ.在分解的基础上,选择那些由环境(时、地、物)决定的态,以此反映出物体所在的环境。
>
> Ⅲ.在分解的基础上,选择那些与人感情相宜的态,以此表达出人的感情。

这就是说,我们之所以把物体描写的造句法又称做选态状物造句法,是因为其中还包括了状物的选态定理。如此,其运作的程序应该是:

> A. 观察所要描写的自然物体,将其意区分设定为"物体名"和"物体态",并认定该物体的名称。
>
> B. 将A所区分设定的那个"态"区分设定为"依存态"与"性状五态",按定理选择出所要描写的态及其与物体名的组合排列范式:或为"○",或为"●",或为"◐",或为"◑",或为"◕"。并作出语言认定。
>
> C. 就B所选择确认之范式中的各态区分设定为"静态"与"动态",按定理选择,或为静态,或为动态。并作出语言的调整认定。

D. 就 B、C 所选择认定的各态，区分设定为"本态"与"比喻态"样式，按定理选择：或取本态式，或取比喻态式，或取本态与比喻态叠加式。并作出语言的调整认定。

E. 就 B、C、D 所选择认定的诸态及其样式，区分设定为"正态"与"反衬态"样式，按定理选择：或取正态式，或取反衬态式，或取"正态"与"反衬态"叠加式。并作出补充认定。

F. 按照 B 中所确定的选态状物之范式，将物体名与不同样式的状物之态组合排列，表达成句。

如果能按照这样的程序精心运作，就一定能将任何一个物体用完整优美的文句表达出来。从教学的角度讲，其核心的任务应该是，将上述选态状物的造句法注入学习者的头脑，使其思维具有定向性以提高大脑的工作效率，最终使人形成与造句法相一致的心理结构，即如下图所表述的那样：

为此，我们所实施的步骤是：先通过一般性的知识学习，让初学者掌握选态状物造句法的结构内容和运作过程；再让初学者按此造句法的程序实施具体的写作与阅读分析。起初，这样的工作似乎有些费时费力，但从长远的观点看，不仅效益巨大，而且非常经济。

那么，怎样按照选态状物法造句呢？具体方法是，以演示导向，把初学者引入独立自觉的有为状态。这样的演示有两种：一种是"从无到有"的生成造句，可以独立物体的描写为内容，侧重于程序的全程操作；另一种是"从一到多"的生成造句，即从一个物体的描写入手，引出众多物体的描写，侧重于对选态定理的运用。

1 从无到有的单物体描写生成训练，侧重于程序的全程操作

演示一

已知，右图所画的是一个深秋季节的特定景象。如果把箭头所指的物体作为描写对象，其个性特征、所在环境都不难确认。如果再进一步感受，必然也会生成人的一种特定心情。那么，通过怎样的描写，才能充分反映该物体的环境，展示该物体的个性，表达出人的特定心情呢？

可按"选态状物造句法"的程序运作，其过程及结果如下：

A. 观察箭头所指物体,将其区分为物体名和物体态,并认定物体名为"天"。

B. 将"天"之态区分设定为依存态及性状态，按三定理作出如下选择"●"。并用语言认定。由于"天"的依存态并不明显,故此只选其性状；在"天"的性状五态中，只有形态与色态给人以强烈感受，且能反映深秋之环境，故此选之，分别认定为"高"和"蓝"。

C. 将上述"高"和"蓝"分别区分设定为静态与动态，按三定理作出选择，并用语言认定。由于"高"与"蓝"呈现出的是静态而非动态，故选其静态。

D. 将上述静态的"高"与"蓝"分别区分设定为本态与比喻态，按三定理作出选择，并用语言认定。由于没有什么比喻态比本态更好，故只选其本态式予以认定。

E. 将上述本态式的"高"与"蓝"分别区分设定为正态与反衬态，按三定理作出选择，并用语言认定。通过联想，可以摄取到上述色态的反衬态，那就是"一丝儿云彩也没有"。但，按定理，这样的反衬态无益于增强描写效果，故尔只选其正态式予以认定。

F. 按B中所选态的内容确定范式，将态与物体名组合排列，表达成句。这里的范式应为"物体名＋性状（形态＋色态）"，组合排列后所表达出的物体描写文句是：

天，是那么高，那么蓝。

这一文句看似简单，但却是按选态状物造句法的程序创作的。因此，反过来看，我们都能从程序中的每一步中找到它的生成足迹。由于句中之态及样式又都是按三定理选择的，因而具有既展示个性，也反映环境，还能表达出人的心情的功能。这一点，可通过反复朗读体会。

演示二

冬天的江浙一带，有时也并不那么美好，如下图所示：天气又阴晦了。由此，也必然有一种物体生成，且能引发人的悲凉之情，如图中箭头所指。那么，这个物体是什么呢？该怎样描写才能符合三定理的要求呢？

按选态状物造句法的程序运作，其过程及结果如下：

A. 观察箭头所指的物体，将其区分为物体名和物体态，认定物体之名称为"风"。

B. 在完成A的基础上，将"风"的态区分设定为依存态及性状五态，按定理选择其"◐"，且用语言认定。由于"风"的依存态及性状态都能给人以强烈感受，也能反映出"冬之阴天"的环境，故两种态均选之。其中，将依存态认定为"吹进船舱"（"吹进"是关联式，"船舱"是依体）；将"风"的性状态触态选择认定为"冷"，将性状声态选择认定为"呜呜地响"。

C. 将上述依存态及两项性状态分别区分设定为静态和动态，按定理选择，并用语言认定。先选上述依存态的动态，体现于关联式，认定为"吹进船舱"；再选上述性状触态"冷"为静态，选上述性状声态"呜呜地响"为动态，予以认定。

D. 将上述诸态分别区分设定为本态与比喻态，按定理选择，并用语言认定之。按定理，只选上述之态的本态予以认定。因为，这里的本态足以反映环境，展示个性，表达人的感情，没有什么比喻态比本态更好。

E. 将上述诸态分别区分设定为正态与反衬态，按定理选择，并用语言认定。由于没有什么反衬态比正态更好，故只取其正态予以认定。

F. 据 B 所选取的依存态及两项性状态，取依存态与性状态并列加注入的范式将这些态与物体名组合排列，表达成句。这里确定的范式应为"（性状态＋主体）＋［（关联式＋依体）＋独立性状态］"。由此组合排列，最终所得的文句是：

冷风吹进船舱，呜呜地响。

这是一个描写效果很好的句子，原本就出自语言大师鲁迅之手。但反过来需要讨论的问题是：描写"天"，为何不选依存态？描写"风"，为何要选依存态？描写"天"的性状态，为何选取其形态和色态？描写"风"的性状态，又为何选其触态和声态呢？

演示三

无论是南方，还是北方，常常都会看到如右图所画的情景，尤其在夏天。如果把箭头所指物体确定为我们的描写对象，其个性怎样，环境如何，人会产生什么心情？那么，怎样描写才能使所创作的文句符合定理要求呢？这里不妨一试。

按选态状物造句法的程序运作，其过程与结果如下：

A. 观察箭头所指物体，将其区分为物体名和物体态，认定物体名称为"大树"。

B. 将"大树"之态区分设定为依存态及性状态，按定理选择其"◐"，且用语言认定。其中，依存态之依体应该取"暴风雨的密网里"，关联式取"在",依存态被认定为"在暴风雨的密网里"。而为了反映"大树"的环境,展示"大树"的个性,必须选其性状态。其中,最突出的性状态应该是形态,认定为"弯下"。

C. 将上述所选诸态分别区分设定为静态和动态,按定理选择,并用语言认定。对于"大树"的依存态,只能选取其静态,集中体现在一个"在"字上。再根据图景,只选取"大树"性状态之动态,认定如前。

D. 将上述所选之态区分设定为本态与比喻态,按定理选择,用语言认定。其中,对于"大树"的依存态,只选其本态,认定如前。而对于"大树"之性状态动态,可选取比喻态,认定为"像跑步似地弯下了腰"。这是因为,上述本态表达效果欠准确形象,所以用比喻态取而代之。

E. 将上述所选之态及样式分别区分设定为正态与反衬态,按定理选择,用语言认定。根据图景,由于没有什么反衬态比该正态更具表现力,所以对本态依存态及比喻态性状态,均选其正态予以认定。

F. 根据 B 中所选的依存态和性状态,确定两者以并列的范式组合排列,表达成句。这里所确定的范式为"[(关联式+依体)+主体+性状态]"。由此组合排列,表达而成的物体描写句是:

在暴风雨的密网里,大树像跑步似地弯下了腰。

检验该文句是否具有价值及价值高低的标准是状物选态的三个定理。如果所选之态及其样式具有定理要求的功能,该文句就是有价值的。

演示四

在我国大部分地区,初冬的早晨,常常可以看到如右图所画的景象。若把箭头所指的物体作为描写对象,其个性特征、所在环境(时节、地域及物体)及人处于此环境中的心情也不难确认。那么,怎样描写该物体,才能满足三定理的要求,使所得文句具有较高价值呢?

按选态状物造句法的程序运作,过程及结果如下:

A. 观察箭头所指物体,将其区分设定为物体名和物体态,并认定物体名为"太阳"。

B. 将"太阳"之态区分设定为依存态及性状态,按定理选择其"◐",并用语言认定。先对其依存态加以选择认定,其中的依体为"东方",关联式是"升起",组合排列表达为"从东方慢慢地升起来"。再对其性状态作出选择,那就是性状之形态、色态及单独色态,分别认定为:"又大又红又圆"及其周围之"淡淡的光"。

C. 将上述选择确认的诸态分别区分设定为静态与动态,按定理选择,并用语言认定。对于上述依存态,只取其动态,认定如上;对于性状态"又大又红又圆",只取其静态,认定如上;对于性状态"淡淡的光",只有动态可取,认定为"发出了淡淡的光"。

D. 将上述诸态分别区分设定为本态与比喻态,按定理选择,且用语言认定。对于上述的动态依存态,只取其本态式,认定如上;对于"又大又红又圆",只取它们的共同比喻态,认定为"像个大红球";对于"发出了淡淡的光",只取其本态,认定如上。

E. 将上述诸态区分设定为正态与反衬态,按定理选择,并用语言分别认定。对于依存态,只取其正态,认定如上;对于"像个大红球",只取其正态,认定如上;对于"发出了淡淡的光",除取此正态外,再取其相应反衬态"一点儿也不耀眼",两者构成叠加式,被认定为:"发出了淡淡的光,一点儿也不耀眼"。

F. 根据 B 的选态及 D、E 之样式选择,确定范式,将物体名与状物之态组合排列,表达成句。此范式应为"物体名+性状静态的比喻正态+依存态动态的正本态+性状动态之本态(正态+反衬态)"。由此组合排列而生成的文句是:

太阳像个大红球,慢慢地升起来,发出了淡淡的光,一点儿也不耀眼。

读一读这个文句,其优美程度似乎超过了对物体本身的直接观察效果。这是因为,观察所得到的只是物体之诸态,语言文句描写的不仅有物体自身诸态,也还有态的不同样式及语言的音乐性,浸透着人的思想,贯穿着人的创造,这也正是选态状物造句法的效应。

其实,若把第二章中状物之态的选择方法和第四章中状物样式的选择方法引入上述"选态状物造句法"中，实际运作更为简便，那就是：

> A. 在观察基础上确定被描写物体，将其区分设定为"物体名"和"物体态"，并认定物体的名称。
> B. 按照"三定理"，从"○"、"●"、"◐"、"◐"、"◐"诸方法中选调其一，就状物之态的具体内容及与物体名的组合排列范式作出选择确认。
> C. 按三定理，就上述范式内诸态的动态与静态作出选择确认。
> D. 按三定理，就上述范式中状物之态的样式作出选择确认：或只取正本态样式，或只取比喻正态样式，或只取反衬本态样式，或只取反衬比喻态样式，或取正本态与比喻正态叠加式，或取正本态与反衬本态叠加式，或取正本态与反衬比喻态叠加式。
> E. 按B所确认的范式，将物体名与诸样式之态组合排列，表达成句。

如此，所谓"选态状物造句法"就有了两种不同的版本，只不过前者是原创型，而后者是改进型。如果仅从选态状物的造句上说，两种方法可以互相取代，且后者比前者更简便。但是，从培养人的角度看，两种版本的选态状物造句法不能互相取代，只能共同使用，且以原创型的方法为起始，逐步过渡到改进型方法的运用上。这是因为，原创型方法是"源"，改进型方法是"流"，从"源"到"流"的顺序才是真正的生成顺序，既富于思想的力度，最终也能达到不法而法的境界。

2　从一到多的多物体生成描写训练，侧重于状物选态定理的运用

对于众多不同且又相近似的物体，可以用同样的操作及范式作出"批量"描写，但又必须通过诸物体间相同态的差异展示其各自的个性，反映出不同的环境。如何实施这样的描写呢？

演示五

已知对"马"的描写结果是："大白马扬起尾巴，在草原上奔驰。"据此方法及范式，又如何描写出"牛"、"狼"、"狗"、"鸡"、"兔"、"松鼠"、"蛇"、"燕子"、"孔雀"等，并展示其各自的个性与生存环境呢？

描写的方法及过程如下：

（1）先从"大白马扬起尾巴，在草原上奔驰"一句中，提取出其描写所用的具体范式如下：

$$(性状态＋主体)＋[独立性状态＋依存态（依体＋关联式）]$$

（2）再按此范式逐一描写更多其他物体，并用"同态差异"展示各自的特征和所处环境，即如下表所列：

描写句 物体 范式	注入的 性状态	主物之名	对应部位 性状态	依存态（依体＋关联式）
	大白	马	扬起尾巴	在草原上奔驰
	老黄	牛	甩着尾巴	在树下慢慢地吃草
	大灰	狼	拖着尾巴	在林子里一步一步往前走
	小黑	狗	卷起尾巴	在家门口汪汪地叫着
	花	公鸡	翘起尾巴	在人家墙头上转来转去
	小白	兔	贴着尾巴	在草地上一高一低地奔跑
	小	松鼠	扛起尾巴	在树枝上跳来跳去
	大花	蛇	盘着尾巴	在山洞里睡觉

续表

描写句范式 物体	注入的性状态	主物之名	对应部位性状态	依存态（依体+关联式）
	小	燕子	伸长尾巴	在空中飞来飞去
	花	孔雀	展开尾巴	在湖边观察自己倒映在水中的影子

上述例子告诉我们：相似相近的物体众多而不同，但其间却有对应部位及对应态。据此，描写方法及范式则是统一的，所选对应之态的差异是鲜明的，由此反映的环境及展示出的个性是不同而突出的，因而是符合定理要求的。如，以"马"的描写为原版，复制出了其他众多物体的描写句。显然，这种方法还可以变通，可针对诸多相似物体的任何部位的任何对应之态展开"由一到多"的生成描写，其关键在于习题设计。

那么，又怎样实施对选态状物句的阅读分析呢？其方法仍然是以前面的示例为导向，把学生引入自觉积极的状态，那就是通过对句子的阅读和操作程序的透视，看作者从无到有的创作过程。

演示六

已知，某作家所创作的一个物体描写文句是：

乌云黑沉沉的，从天空中压下来。

请借助"选态状物造句法"的运作程序，实施分析，将该句从无到有的创作过程透视说明，并吸取作者的成功经验。

阅读分析透视的方法、过程及结果如下：

A. 作者在观察物体的基础上，将其区分为物体名和物体态，认定物体名为"乌云"。

B. 将该物体之态区分设定为依存态及性状态，按定理选择其"◐"，用语言认定如下：先取物体之依存态，认定为"从天空中压下来"；再取物体之性状色态，认定为"黑沉沉的"。

C. 将上述所选依存态及性状态分别区分设定为静态与动态，按定理选择，并用语言认定如下：先选其依存态之动态，认定如上；再选性状态之静态，认定如上。

D. 将上述所选之态分别区分设定为本态与比喻态，按定理选择，用语言认定如下：就上述依存态及性状态，只选它们的本态，认定如上。

E. 将上述所选之态进一步分别区分设定为正态与反衬态，按定理选择，用语言认定如下：就上述依存态及性状态，只选它们的正态，认定如上。

F. 按 B 所选的依存态及性状态确定范式，组合排列，表达成句。所确定的范式为"主体＋（性状色态＋依存态）"。由此表达而成的句子就是题目所给的句子。

其实，这样的阅读透视还可以用于对使用对应态描写的不同句子实施比较。其方法与要求如下：（1）先分别阅读每一个句子，按造句法程序"Y=（A+B+C+D+E）+F"依次识别说明物体之名、多层状物之态的不同意义、多重状物样式的不同意义及所用组合排列范式，以此验证该造句法的结构与功能；（2）就众多具有对应态状物的句子作比较，找出其同态间的细微差别，以验证作者对状物选态定理的运用，说明该定理在选态状物中的功能作用。

这里需要强调的是，人类的交流离不开写作，写作又离不开造句法（不同于"语法"）。尽管物体描写的造句法还远远不是全部的句法，但它对人类语言的发生具有起始意义，因而更具有基础性、基本性和广泛的适应性。具体地说，从物体描写之造句法中所获得的知识、方法及能力，不仅仅能使我们创作出更好更多的物体描写文句，也有助于写人叙事的造句，尤其还能转化为对抽象事物之性质作出陈述与判断。

第二节 从单面景到双面景

在特定时空范围内，众多不同稳定物体彼此关联，都能构成一种景象。当这个景象被人观察确认后，它就是一个景观，即如右图所画的那样。对于这样的景观，既可用摄影或绘画的方式加以复制，也能够用人的语言实施描写，其目的就是让更多的人观赏认识。

用语言描写景观的方法是灵活多样的，但是，最简便易行的就是从自然景象中摄取单面景与双面景。

1 可从观察所得的景象中只摄取描写单面景

如上图所画，观察所得的自然景象是复杂的，但我们可从中只选择一个简单的画面，以作为单面景观实施描写。这样的单面景观也由若干不同物体共同构成，却需要从两种不同的角度上区分确认：如果从物体所占空间位置大小看，可被区分为"面物体"与"点物体"。例如，有一个单面景观被描写为"蓝蓝的天空飘着几朵白云"，其中的"天"就是一个面物体，其中的"几朵白云"就是点物体。同样，在上面的图中，"小船"是点物体，"河面"就是面物体。如果从物体存在的方式看，又可被区分为"实物体"与"虚物体"。例如，有一个单面景观被描写为"整个兰考大地都沉浸在迷蒙的雪雾中，看不见人影，听不见人声，只有枯草在寒风中抖动"，其中的"枯草"是实物体，其中的"人影"、"人声"都是虚物体。同样，在下面的乙图中，"蓝蓝的天空"可以看做实物体，若增加一句"一丝儿云彩也没有"，那么"云彩"便是虚物体。这就是说，用语言描写的单面景之构成要素，不仅包括"面物体"和"点物体"，也包含它们的"实物体"和"虚物体"，即如下面图文所区分展示的那样。

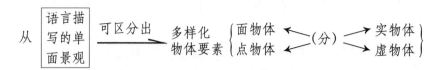

对于构成单面景观的"虚物体"（包括"面物体"和"点物体"），都不能用摄影和绘画的手段展示出来，却可以用语言描写。这也正是语言自身的优势所在，因而需要尽力发挥。

那么，如上图所被确认的面物体和点物体，以及它们各自的实物体及虚物体，又是怎样共同构成单面景观的呢？

1.1 按照"面上布点"的方式，可构成单面景观　　就是在观察自然界景象的过程中，先摄取一个较大的物体作为面物体，再于该面物体之上摄取若干较小的物体作为点物体，由此呈现出一个"面上布点"的画面。其组合排列的范式为：

> 单面景 ＝ 面物体（或实或虚）ゐ 点物体（或实或虚）

在大多数情况下，可按先面后点的顺序摄取并排列描写。其中的"面"与"点"，既可用一个依存态句描写出来（"面"为依体，"点"为主体），亦可用若干独立之句分别描写。例如：

甲图　　　　　　　　　乙图

甲图：深蓝色的天空中挂着一轮金黄色的圆月。

乙图：蓝蓝的天空中一丝儿云彩也没有。

若将上述甲、乙两景相比，其最大的差别在于：前一景之点为实点；后一景之点为虚点（反衬态描写）。

甲图　　　　　　　　　　　　乙图

甲图：天，是那么高，那么蓝。蓝蓝的天空飘着几朵白云。

乙图：茫茫草海，望不到尽头。大队人马已经过去了，只留下一条踩
　　　得稀烂的路，一直伸向远方。

若将甲、乙两景相比，其最大的差别在于：前者之点为实点，后者之点为虚点与实点相结合。若将上述两组例子所描写的方法作比较，最大的差别在于：前一组例示的描写只用一个依存态句，后一组例示描写则用了若干不同之句，即面有面句、点有点句。

有时，可按先点后面的顺序摄取并排列描写。其中的"点"与"面"既可用一个依存态句描写，也可用若干独立句分别描写。例如：

甲图　　　　　　　　　　　　乙图

两个黄鹂鸣翠柳。　　　　　　一行白鹭上青天。

丙图　　　　　　　　　　　　丁图

丙图：青的是草，绿的是叶，各种颜色的鲜花，再添几只小燕子，共
　　　同构成了光彩夺目的春天。

丁图：月亮落下去了，太阳还没有升起来，只剩下一片乌蓝的天。

1.2 按照"多点成面"的方式，可构成单面景观 在观察自然景象的过程中，只从中选取若干较小的物体作为点物体，使之共同构成一个画面（平面几何中有"三点成一面"的公理），为"多点成一面"的单面景观。其中，这些点物体成面的组合排列范式为：

$$多点成面单面景 = [点物体_1 + 点物体_2 + 点物体_3 + ……]$$

这样的单面景观一般都需要用若干独立句描写，但是，在少数情况下（如作诗），也可以只写物体之名，而不写其态。例如：

甲图　　　　　　　　　　　　乙图

甲图：青山、绿水、稻田，还有几处从绿荫丛中露出的灰瓦白墙的农舍，
　　　一起进入我的眼帘，就像一幅江南山乡的迎春图。

乙图：小桥、流水、人家。

无论是"面上布点"，还是"多点成面"，不过是人摄取描写自然景象的两种方法。由此摄取描写的单面景也仅仅是实际景象中的一部分。也正是这一部分，既能给人以美的感受，也能反映出自然景象的特点。但是，在运用上述两种方法摄取描写单面景观时，还必须按如下定理对构成单面景的物体要素进行严格选择：

> Ⅰ．选择那些与时令季节关系密切的物体，以使所描写的单面景观足以反映出具体的时令季节。
>
> Ⅱ．选择那些与地域风貌关系密切的物体，以使所描写的单面景观足以表现出其所在的地域特征。
>
> Ⅲ．选择那些与众不同且与人关系密切的物体，以使所描写的单面景观足以表现其个性且表达出人的感情意志。

其实，上述那些构成单面景观的物体，都是按照上述三定理选择摄取的，只不过，有的侧重于反映时令季节或地域特征，有的侧重于表现景观自身的特征及人的情感，有的则共同反映和表现出时节地域特征、景观自身个性及人的情志。例如，如果"茫茫草海，望不到尽头"所反映的是大草地的地域特征的话，"大队人马已经过去了，只留下一条踩得稀烂的路，伸向远方"，所表现的不仅是景观自身的特征，也是受伤掉队红军战士的失落心情。

明确了单面景观的结构要素，掌握了单面景观结构的组合排列范式，把握了摄取物体的选择定理，就可以按照下面的程序运作而实施对单面景观的描写。

A. 观察自然景象，按照其结构特征，从中摄取一个单面景观，或者为"面上布点"式，或者为"多点成面"式。

B. 依据景观之结构特征，从中区分设定出各种要素物体，即"面物体"与"点物体"，以及它们的"实物体"及"虚物体"。然后，按上述定理，从中选择摄取有价值的必要物体，以作为单面景构成及描写的必要要素。

C. 从"面上布点"或者"多点成面"范式中选择其一，将所选物体组合排列，依次描写其态，表达成文。

演示一

当"我"乘坐火车在大山深处飞速行进的时候，透过玻璃车窗向外望去，总能在一瞬间观察到一个单面景观，即如图所画的那样。此后，"我"便凭着记忆，按上述程序思考运作，将这个瞬间所得的单面景观描写出来。

描写的运作过程及结果如下：

A. 通过瞬间观察可得的景象，就是图中所画的景象。由此所能摄取的单面景观，只能是一个"多点成面"的景观。

B. 按照三定理，所能选取的是既反映地域特征又表现人之情感的四个点物体，即：小屋、木栅栏、小柏树、人影。

C. 取"多点成面"之范式，将上述所选物体组合排列，分别描写它们各自的依存态注入性状态，表达成文。

范式为"多点成面单面景 =（点物体依存态$_1$ + 点物体依存态$_2$ + 点物体依存态$_3$ + 点物体依存态$_4$）"。由此描写成文的结果是：

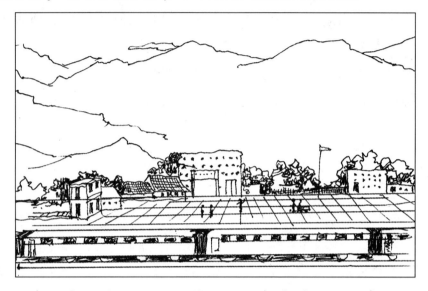

就在列车通过小站的一刹那间，我看到站台上有几间白墙红瓦的小屋、两排白漆漆成的木栅栏、几棵小柏树，还有三五个人影。

显然，这里所描写的虽然仅仅是四种点物体之依存态注入性状态，但所呈现出的仍然是一个"多点成面"的单面景观，与"小桥、流水、人家"的多面同据一理，同出一式。

运用这一程序，当然也可以实施对作家们所描写的单面景观之文的阅读分析。这一点，可通过下面的实例作具体说明。

演示二

已知，下面是某作家创作的单面景观描写文段，请先阅读一遍：

过了罗甸，再沿着弯曲小路往上走，展现在面前的便是一座大山。山上开满了映山红，无论是花朵，还是叶子，都要比盆栽的杜鹃显得精神。油桐花也开得正旺，这儿一丛，那儿一簇，很是不少。山上的沙土是粉红色的,这在别处是几乎没见过的。

按 A、B、C 的程序,分别透视说明作家描写该景的每一步活动,即:

A. 不难看出,作者描写此单面景观时,首先在观察的基础上,从中摄取了一个特定的单面景观,其结构特征为"面上布点"。其中之面是"山",面上之点分别是"映山红","油桐花"及"沙土"。

B. 这些物体都是作者按三定理选择的。其中,"山"与"沙土"能反映地域特征,"映山红"及"油桐花"既能反映地域特征,也能反映时节特征,还能表达作者情意。

C. 作者描写的组合排列范式显然是"面物体(山)+ 点物体(映山红 + 油桐花 + 沙土)"。

单面景观的写作与阅读分析是比较简单的,但它是复杂景观描写与阅读的基础。因此,在掌握了其结构方式及运作程序后,就应大量实施描写与阅读,一是积累信息资料,二是获取写作的经验。

2 可从观察所得的自然景象中摄取描写双面景

所谓双面景,其实是由两个不同单面景组合而成的较复杂景观。从这个意义上说,单面景观就是双面景观的构成要素。但是,并非任何两个单面景观都可以构成双面景观,而是有条件的,必须按照如下定理加以选择:

Ⅰ. 只选择处在同一时令季节的两个景观,使所构成的双面景观能反映出统一的时令季节。

Ⅱ. 只选择处在同一地域范围内的两个单面景观,使构成的双面景观能反映出统一的地域特征。

Ⅲ. 选择两个内容不同但彼此关联且与人的情感相宜的两个单面景观,使构成的双面景观内容丰富且个性鲜明,并能表达人的情感。

这个定理也有例外,那就是通过"联想"方法摄取的两个单面景观可以超越时空的限制,但两者的含义必须具有某种相关性。

两个不同的单面景观在组合为双面景观时,也有确定的组合方式,那就是必须互相对称。这种对称亦有多样化的特征,但最基本的有如下五种:

2.1 可按"上下"对称的方式摄取两个不同单面景，使之呈现为一个双面景 其组合排列的范式应为：

$$上、下双面景观 = 单面景观（上）☆ 单面景观（下）$$

这样的对称又有两种：一种是上下之面为各自独立的静态面；另一种是上下之画为具有"X 与 Y"关系的动态之面。例如：

甲图

甲图：深蓝色的天空挂着一轮金黄色的圆月。下面是海边一眼望不到头的西瓜地。

乙图

乙图：月儿圆圆的，就挂在深蓝色的天空中。银光落在湖面上，闪闪发亮。

2.2 可按"左右"（或者"前后"等）对称的方式摄取两个不同的单面景观，使之呈现为一个完整的双面景观。其组合排列范式为：

$$左、右双面景观 = 单面景观（左）☆ 单面景观（右）$$

这样的对称亦有两种：一种是左、右面为各自独立的静态面；另一种是左面与右面之间具有"X与Y"之关系，为动态面。例如：

甲图

甲图：天底下是一眼望不到边的稻田。稻子熟了，黄澄澄的一大片，像铺满了一地的金子。稻田的旁边有一个池塘，池塘的岸边有一片高大的梧桐树。

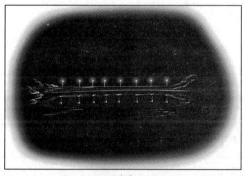

乙图

乙图：天黑以后，滨河路上的电灯次第亮起来了。灯光倒映在黄河里，随着河水中泛起的波浪摇晃着，亮晶晶、光闪闪，像一串串珠子流动似的，非常好看。

2.3 可按"远近"对称的方式摄取两个不同单面景观，使之呈现为一个完整的双面景观 其组合排列范式为：

远、近双面景观 = 单面景观（近）ゐ 单面景观（远）

这样的对称仍有两种：一种为近面与远面是各自独立的静态面；另一种是近面与远面是具有"X与Y"关系的动态面。例如：

甲图

甲图：远处的小山、山顶上的宝塔，都看不见了。近处的田野、树木，也模模糊糊，看不清了。

乙图

乙图：凌晨三时整，海边的阵地上突然热闹起来了。万炮轰鸣，万弹齐发，排空而去。顷刻间，远处隐约可见的海岛上，火光冲天，浓烟滚滚，敌军的工事被摧毁了。

2.4 可按"正侧"（或"平竖"）对称的方式摄取两个不同的单面景观，使之呈现为一个完整的双面景观　其组合排列范式为：

> **正、侧面双面景观 = 单面景观（正）ぁ 单面景观（侧）**

这样的对称同样有两种：一种是"正面与侧面"（或者"平面与竖面"）是各自独立的静态面；另一种为两面之间是具有"X 与 Y"关系的动态面。例如：

甲图

甲图：大海是那么辽阔，海面上一丝风也没有。一艘巨大的远洋货轮驶出海港，正向外海缓缓地前进。就在这时，货轮的前方海面上，涌起了一团团云雾，而且迅速上升，不断扩大，最后连成一片，像绝壁，像山峰。

乙图

乙图：随着一阵巨大的狂风，鸡蛋大的冰雹从天空中打落下来，天地间白茫茫的一大片。冰雹落在地面上，像无数个密集的千钧重锤，打断了路边的树枝，扫平了地里的庄稼，掀翻了正在奔跑的汽车，把房屋砸得东倒西歪。地面上，很快结成了一层厚厚的冰，九月天的气温骤然降到了零下一度。

2.5 可按"大小"对称的方式摄取两个单面景观，使之呈现为一个"大面"包含"小面"的完整双面景观 其组合排列范式为：

> **大、小面双面景观 ＝ 单面景观（大）ぁ 单面景观（小）**

这样的对称也有两种：一种是大、小面为各自独立的静态面；另一种是大、小面之间是具有"X 与 Y"关系的动态面。例如：

甲图

甲图：从飞机上往下看，起伏的群山一座连着一座，就像大海中的波涛。就在这群山之中，有一个很大的裂谷，里面冒出了一团团白色的雾气，缓缓地上升，不断地扩大，又渐渐地散去。

乙图

乙图：稻田旁边有一个池塘，池塘岸边有一棵高大的梧桐树。一阵秋风吹来，树上落下几片黄叶。黄叶落在岸边的草地上，蚂蚁爬上去，来回跑着，把它当做运动场。

认识了双面景观的结构要素及结构方式，掌握了双面景观中的单面景观选择定理，就可以独立实施双面景观的描写了。但这样的描写还应按如下程序运作：

> A. 观察自然景象，按其结构特征，选择摄取一个较复杂的大单面景观，并把它分解为两个有某种对称关系的单面景观，或有"x+y"关系，或没有"x+y"关系。
> B. 按照定理，对各个单面景观中的物体要素实施选择与加工，使其符合定理所确定的要求。
> C. 按已知对称方式确定双面景观的组合排列范式，将所确认描写的两个单面景观组合排列，表达为一个独立文段。

演示三

已知，右图所画的是一个我们并不陌生的复杂景象，我们可以从中摄取一个双面景加以描写。这样的双面景观是什么，如何摄取描写，描写的结果又应该是什么？

按上述程序运作，其过程与结果如下：

A. 从这个景象的总体结构特征看,在五种不同的对称方式中,最符合的应该是大面与小面的对称。据此,可取大面为"昆明湖",小面为"湖中小岛",使之构成大面之中包含小面的双面景观。

B. 按定理对上述大小面的内容作出如下选择:构成大面的物体要素分别是:湖、湖水、水面的游艇,构成小面的物体要素分别是:小岛、树木花草、宫殿的一角。

C. 据上,可按"单面景观(大)+单面景观(小)"的范式,将两面组合排列,并表达为一个独立文段:

从万寿山下来,就是昆明湖。湖水平静得像一面镜子,绿得像一块碧玉。水面上,时常有许多游艇,划来划去。湖的中央有一个小岛,上面长满了浓密的树木和花草。就在这绿荫丛中,还露出宫殿的一角,红墙黄瓦,十分美丽。

运用这一程序,还可以实施阅读分析,从描写的文段中透视出作家的描写运作过程,以获取作家创作的直接经验。

3 对同一景象可用单面景与双面景的方法作重叠描写

无论是单面景,还是双面景,都是人摄取描写自然景象的两种方法。究竟采用哪种方法摄取描写,应当由自然景象的结构特征决定。但是,有些自然景象,既呈现单面景观的结构,又呈现双面景观的结构。因此,我们可用单面及双面两种方法分别描写该景象,然后叠加在一起,叫做单面景与双面景的重叠描写。其运作程序如下:

A. 对于具有单面及双面之双重结构特点的景象,先用双面景观的方法摄取描写。

B. 再用单面景观的方法摄取描写。

C. 或按"双+单",或按"单+双"式,组合排列,叠加描写。

这样的自然景象虽不多见,描写的实例也很少,但并非没有,我们可以多创造几个,以便使所描写的景象个性更突出,含义更丰富。

演示四

已知，如图所画的是我国台湾宝岛上的日月潭。由于这个景象的特征，既可用"面上布点"的单面景观方法描写，也能用"左面与右面对称"的双面景观方法描写，作者便用上述程序实施了"双+单"的重叠描写。如果你是作者，该怎样描写呢？

描写的运作过程及结果如下：

A. 用"左右对称式"方法将其描写为如下的双面景：

湖的中央有一个小岛，把湖水分为两半。一半圆圆的，叫日潭；一半弯弯的，叫月潭。

B. 用单面景观之"面上布点"式再作如下描写：

两潭湖水相连，那中央的小岛就像是翠盘里的一颗珍珠。

C. 最后，按范式"双面+单面"将上述描写组合排列，表达成文如下：

湖的中央有一个小岛，把湖水分成了两半。一半圆圆的，像太阳，就叫日潭；一半弯弯的，像月亮，就叫月潭。两潭湖水相连，那中央的小岛就像是翠盘里的一颗珍珠。

不难发现，虽然是一个具有确定结构特点的"日月潭"，由于采用"单面景"与"双面景"重叠的方法摄取描写，不仅使得其个性更突出，形象更鲜明，含义更丰富，也大大地提高了其特有的审美价值与效果。这便是人创造语言的力量。

单面景观与双面景观是彼此关联的：前者是后者的基础，后者是前者的扩展。但两者又同是作文之"作"的重要基础。这是因为，更为复杂的景观都是以单面景观为结构要素，又以双面景观的对称方式为结构方式的。而且，也正是这些方式方法，可以直接转化为对复杂物体之物貌的描写，如建筑物、植物、动物等。反过来说，在植物、动物及建筑物的物貌结构中所包含的基本结构，原本也就是"单面景观"与"双面景观"的结构。

其实,作家们也正是按照上述方法观察描写单面景观和双面景观的。反过来说,运用单面景及双面景的描写运作程序也可以实施对相应描写文段的阅读,从而透视出作家的描写过程。这里不妨一试:

1. 请阅读下面的文句,并根据单面景观的结构特点与描写程序进行分析,即:由怎样的要素构成,按什么方式组合排列,经历了怎样的描写过程。

① 整个兰考大地都沉浸在一片迷蒙的雪雾中。看不见人影,听不见人声,只有枯草在寒风中抖动。

② 大雪山就在四川西部。这里没有人烟,没有树木花草,没有飞鸟走兽,甚至连一条小路也没有。

③ 过了民勤县再往北,便是一幅少见的沙乡秋景。你看,那里的沙丘到处都是,虽然不算大,但一座连着一座,没有尽头。红柳树是这里的特产,红杆杆,绿叶叶,就分布在沙丘相连的低处,迎着秋风沙沙作响。偶尔,还能看见几棵高大的沙枣树,上面的叶子已经落光,一粒粒红得发亮的沙枣儿却显得格外精神。

2. 下面每一段文字所描写的都是一个独立的双面景观。请先对每一段文字作细致的研读,然后分别就每段描写作出如下回答:(1)看其描写了一个具有何种对称关系的双面景观,并说明作者观察的自然景象有怎样的结构特征;(2)构成双面景观的两个单面景观的物体是什么,作者为什么要选取这些物体;(3)该双面景观是按怎样的范式组合排列的,其间有无"x+y"关系?

① 天,是那么高,那么蓝。蓝蓝的天空飘着几朵白云。天底下是一眼望不到边的稻田。稻子熟了,黄澄澄的一大片,像铺满了一地的金子。

② 突然,曹操的战船燃起了大火。火借风,风助火,越烧越旺,把整个江面照得一片通红。不一会儿,大火渐渐地烧上堤岸,曹军的营地也烧起来了,上上下下一片混乱。

③ 纷纷扬扬的大雪下了半尺多厚,天地间灰蒙蒙的一片。

④ 山,好大的山。起伏的青山一座连着一座,一直伸向远方,消失在苍茫的夜色中。

⑤ 攻城的大炮震撼着大地,战士们像潮水般地从四面八方冲向敌军司令部——隆化中学。突然,响起了一阵哒哒哒的机枪声,从一座桥上的暗堡里喷射出几条长长的火舌,封住了我军前进的道路。

⑥ 大漠孤烟直,长河落日圆。

⑦ 两个黄鹂鸣翠柳,一行白鹭上青天。

⑧ 窗含西岭千秋雪,门泊东吴万里船。

第三节 从双面景到多面景

知道了什么是单面景观和双面景观，就不难理解什么是多面景观。这是因为，双面景观由两个单面景观构成，多面景观则应该由三个或三个以上的单面景观构成。从这个意义上说，与双面景观一样，构成多面景观的要素仍然是单面景观。

那么，什么样的单面景观才能构成多面景观呢？也就是说，在描写多面景观的过程中，我们应如何对构成它的单面景观之内容作出有效选择呢？与双面景观的要素选择一样，多面景观的要素选择应按如下定理实施：

> Ⅰ．选择众多不同且个性鲜明的单面景观，以使其共同呈现的多面景观内容丰富而多彩。
> Ⅱ．选择同一时空（地域）的众多不同单面景观，以使其共同呈现的多面景观反映出统一的时季及地域特征。
> Ⅲ．选择彼此之间具有某种对称关系的众多不同单面景观，以使其共同呈现的多面景观具有层次分明的结构方式。

其实，对于上述的定理Ⅰ和Ⅱ，我们并不难理解，因为它与双面景观描写的要素选择定理相同。比较难以理解的是定理Ⅲ，但这一定理的要求和目标又是通过具体的摄取实现的。因为，所谓多面景观的摄取方法，原本就是不断求取对称而摄取双面景观的方法，这也正是本节的核心内容所在。

1 用单一方法求对称，摄取多面景观

所谓对称方法，就是我们已经知道的双面景观构成方式，那就是：上下对称、左右对称、远近对称、正侧对称及大小对称。所谓单一求对称的方法共有三种：一是只在已知面内实施；二是只在已知面间实施；三是只在已知面外实施。

1.1 用对称方法面内求面 是指在观察自然景象的基础上，先摄取一个较大的画面为总面。然后，再用对称方法于该总面之内实施多层次的区分，使获

得的多层次不同小面彼此对称。这样的对称区分也有一定的运作程序，如下图所示：

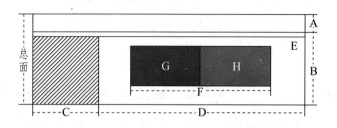

第一步，从自然景象中摄取一个大面，以作为多面景观的总面。

第二步，根据该总面的结构特征，将其区分为两个对称的单面景观（实为一个双面景观），即"A+B"面。并把内容丰富的单面（B面）视为主面，而把内容单纯的单面（A面）视为次面。

第三步，将所区分出的主面（B）区分为两个对称的单面景观，即"C+D"面（实为一个双面景观）。并把内容丰富的单面（D）视为主面，而把内容单纯的单面（C）视为次面。

第四步，将所区分出的主面（D）又区分为两个对称的单面景观（实为一个双面景观），即"E+F"面。并把内容丰富的单面（F面）视为主面，而把内容单纯的单面（E面）视为次面。

第五步，将所区分出的主面（F面）继而再区分为两个对称的单面景观（实为一个双面景观），即"G+H"面。并把内容丰富的单面视为主面，而把内容单纯的单面视为次面。

……

按理，这样的区分可以继续下去。但人的摄取描写是灵活的，所采取的区分步骤可多可少，有时只区分两步或三步，有时又区分四步或五步，一切由景观的内容特点而定。不管按几步区分，最后所得的两个单面景观是不分主次的。

显然，上述的图与文是一致的。如果文字所陈述的是运作的程序，图形所展示的则不仅是运作程序，也是按程序运作的结果——"面内求对称"的多面景观结构模式。所谓定理Ⅰ和定理Ⅲ的要求和目标就蕴含于其中，那就是：诸多单面景观各不相同，却都是彼此对称的。如果在摄取过程中能考虑到定理Ⅱ，即诸单面景观在时令季节和地域地貌特征上的一致性，那么所描写的结果将是成功而有效的。

演示一

已知，右图所画的是井冈山五百里林海里的茅竹。这样的景象显然不能用"单面景"或者"双面景"的方法实施描写，而只能用"多面景"的方法摄取描写。那么，怎样摄取描写，才成功而有效呢？

按照"面内求对称"的程序运作，其过程及结果如下：

A. 在观察的基础上，将上面各图中的景象全部摄取，以作为多面景观的总面，并用单面景观的方法描写如下：

井冈山五百里的林海里，到处都是茅竹。

B. 根据该总面的结构特征，在已知的五种对称方法中，只选用"远与近"之对称方法，将其区分为两个对称的单面景观（即一个双面景观），并分别描写如下，即：

远处看，密密麻麻，重重叠叠。
近处看，修直挺拔，好似当年的哨兵。

显然，这样的摄取再无法进行下去，而只能到此为止。然而，可依据上述两步摄取确定"总面+〔远面+近面〕"的范式，将上述两步描写之面组合排列。由此所创造的文段是：

井冈山五百里的林海里，到处都是茅竹。远处看，密密麻麻，重重叠叠；近处看，修直挺拔，好似当年的哨兵。

这里所采取的摄取虽然仅有两步，但最终所描写的则无疑是一个"面内求对称"的多面景观，而且成功有效。这是因为，所被描写的三个单面各有鲜明特征，互相之间并无雷同，满足了定理Ⅰ的要求。正是这三个不同的单面景观，都能反映出统一的时节和井冈山的地域特征，满足了定理Ⅱ的要求。尤其是在三个不同面之间，总面与两个分面构成了大与小的对称关系，分面之内的两个小面之间又构成了远与近的对称关系，由此满足了定理Ⅲ的要求。

其实，运用上述程序还可以描写出比较复杂的多面景观。

演示二

已知，如下图所画的是我国中南地区的一个深秋景象，大有天与地，小有蚂蚁和小鱼，容量极大，内容丰富。如果要把如此丰富的景象描写出来，使之符合定理要求，只能采用多面景观的描写程序去运作。那么，怎样运作才能成功有效，其结果又如何呢？

按"面内求对称"的程序运作，其过程及结果如下：

A. 在观察的基础上，将图中之景象全部摄取，以作为多面景观的总面。但是，由于该总面内容丰富，不再用单面景观的方法描写。

B. 根据该总面的整体结构特征，在五种对称方式中，只能选用上下对称方式，将其区分为"上下"对称的两个单面景观（即一个双面景观），并区分主次。其中，主面在"地"，次面于"天"。

C. 根据所区分的主面"地"的整体结构特征，在五种对称方式中，只能选取左右对称方式，将其区分为"左右"对称的两个单面景观（即一个双面景观），并确定主次。其中，右面为主面"池"，左面为次面"田"。

D. 根据所区分出的主面"池"的整体结构特征,从五种对称方式中,只能选取大小对称方式,将其区分为"大小"对称的两个单面景观(即一个双面景观),并确定主次。其中,大面为次面"树",小面为主面"叶"。

E. 根据所区分出的主面"叶"的整体结构特征,从五种对称方式中,只选取左右面对称方式,将其区分为左右对称的两个单面景观(即一个双面景观),左面为"小鱼",右面为"蚂蚁"。由于这样的区分已到最后,对"小鱼"和"蚂蚁"的左右面不再区分主次。

至此,可按照上述五步区分的事实,确定如下的组合排列范式,即:

$$天 + 地\{田 + 池[树 + 叶(蚁 + 鱼)]\}$$

据此范式,按序将其中的每一个单面景观描写出来,可得到如下的文段:

天,是那么高,那么蓝。蓝蓝的天空飘着几朵白云。天底下是一眼望不到边的稻田。稻子熟了,黄澄澄的一大片,就像铺满了一地的金子。稻田的旁边有一个池塘,池塘的岸边有一棵高大的梧桐树。树上的叶子又宽又大,已经黄了。一阵秋风吹来,树上落下几片黄叶。有的落在岸边的草地上,蚂蚁爬上去,来回跑着,把它当做运动场;有的落在水里,小鱼游过去,藏在底下,把它当做伞。

与前一个演示相比,此处所描写的多面景观要复杂得多,其开首的写法也不尽相同,但其间并无本质差别,都属于"面内求对称"的典型之作。尤其反映多面景观结构层次的那个组合排列范式,其严谨的逻辑性达到了令人惊叹的程度,那就是:生动活泼的文学语言背后,隐藏着结构缜密的数理表达规则。

1.2 用对称方法面间求面　就是在两个原本互相对称的单面景观(一个双面景观)之间,再摄取一个新的单面景观,以作为主面,并与原有的两个单面景观分别构成新的对称关系,俗称"两面夹一面"。由于原来的两面对称方式有五种,面间求面所得的多面景观(实为三面景观)亦有五种,即如下图所示:

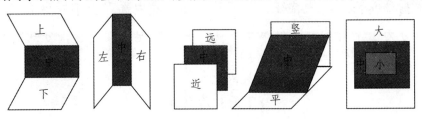

由"面间求面"所构成的多面景观（三面）虽然有上述五种，但从描写的角度讲，从头到尾，都应按如下程序思考运作：

> A. 在观察自然景象的基础上，先摄取一个大的画面以作为多面景观的总面，并按定理选其内容，或写或不写。
>
> B. 根据该总面的整体结构特征，选取适当的对称方式，从中区分出两个对称的单面景观（一个双面景观），按定理选择其各自内容，并分别描写。
>
> C. 于上述两个对称的单面景观之间，摄取一个新面为主面，使之与原有两面分别构成对称关系，并用定理选其内容作重点描写。

如果把原有的两个对称单面分别用甲、乙表示，那么其描写也应该有统一的组合排列范式，那就是：

面间求面景观 ＝ 互相对称的面（甲面＋乙面）＋中间面

演示三

对于右图所画的景象，我们并不陌生。但要作出有效描写，仅用前面所学过的"面内求面"之法显然不合适。那么，能否运用"面间求面"的方法实施描写呢？这里不妨作一次尝试，看效果如何。

按"面间求面"的程序运作，其过程及结果如下：

A. 观察景象，摄取全景作为多面景观的总面。

B. 根据该总面的结构特征，从五种对称方式中选取上下对称方式，将总面区分为上下对称的两个单面景观，并按定理取其内容，分别描写如下：

上面：天蓝蓝

下面：海蓝蓝

C. 在上述上下两个对称面之间，再摄取一个新面为主面，并按定理取其内容，重点描写如下：

　　就在天海相连的地方，涌起了一团团白云。白云之下还出现了一队队小小的舰船。那红褐色的，是来自五大洲、四大洋的商船；那银白色的，是人民海军的新型战舰。

D. 取"［上面（天）＋下面（海）］＋中间面（云和船舰）"之范式，将上述描写的诸单面景观组合排列，表达为如下之文段：

　　天蓝蓝，海蓝蓝。就在海天相连的地方，涌起了一团团白云。白云之下还出现了几队小小的舰船。那红褐色的，是来自五大洲、四大洋的商船；那银白色的，就是人民海军的新型战舰。

演示四

　　下图所画的是红军长征时曾经走过的一个地方，所展示出来的景象我们也不陌生。对此，运用"单面"或"双面"景方法显然不能充分描写，而用"面内求面"的方法似乎又不适合。那么，能否"面间求面"呢？这里不妨一试。

按"面间求面"的程序运作，其过程及结果是：

A. 观察图中的景象，从中摄取一个总面，并对其特点作出如下的概括描写：

　　我来到江边一看，这里的地势十分险峻。

B. 再按该总面的整体结构特征，从五种对称方式中，选择左右对称方式，将其区分为左右对称的两个单面景观（一个双面景观），依定理选取内容，并作如下描写：

南岸是悬崖峭壁，北岸是崇山峻岭。

C. 于上述南北两面之间，再取一个面为主面，并用定理选定内容，描写如下：

中间只有一道铁索桥可以通过。据说，当年红军过桥时，上面的木板曾被敌人全部拆毁，只剩下数十根铁链悬在空中，而现在却铺得整整齐齐。

D. 确定范式"总面（地势）+ {[左面（悬崖）+ 右面（山）] + 中间面（桥）}"，将上述描写的四个单面景组合排列，表达成文如下：

我来到江边一看，这里的地势十分险峻。南岸是悬崖峭壁，北岸是崇山峻岭，中间只有一道铁索桥可以通过。据说当年红军过桥时，上面的木板曾被敌人全部拆毁，只剩下数十根巨大的铁链悬在空中，而现在却铺得整整齐齐。

如果把上述两段描写相比较，都属于"面间求面"的典型之作。其间的差异仅在于前者没有描写总面，后者则描写了总面，这也不过是人之描写的灵活性所致。

1.3 用对称方法面外求面 就是在观察的基础上，先描写出其中的一个单面或双面景，然后于其之外再摄取与之有某种对称关系的单面景或双面景。其运作程序是：

> A. 先用环视方法观察上下四周之六面，从中摄取众多不同的单面景观或双面景观，并确定其间的对称方式。
> B. 再从局部入手，选取其中的一个单面景观或双面景观实施描写，以作为"面外求面"的基点，并按定理选择其内容而加以描写。
> C. 从上述基点出发，从不同对称角度向外扩展，分别选择与之具有对称关系的其他单面景观或双面景观，依次描写。
> D. 按照上述摄取的先后顺序，将已描写的诸单面景观或双面景观组合排列，表达成文。

演示五

已知，下图所画的是一个复杂景象，其中的人物是作者本人。对于作者所面对的景象，用单面或双面景的方法是无法描写的，用多面景"面内求面"及"面间求面"的方法描写也不合适。于是，只能用"面外求面"的方法摄取描写了。

其运作的全过程及结果如下：

A. 作者以自己为基点，在环视上下四周之六面后，从中发现并摄取了诸多单面景观，并按对称方法区分如下：一个是"上与下"的两个对称面，另一个是"左与右"的两个对称面。

B. 作者从局部入手，先对"上下"对称的双面景观作出了如下描写：

　　　　两个黄鹂鸣翠柳，一行白鹭上青天。

C. 作者从上述已描写的双面景观出发，于其之外，又描写了另一个独立的左右对称双面景观，那就是：

　　　　窗含西岭千秋雪，门泊东吴万里船。

D. 作者用范式"（下面＋上面）＋（右面＋左面）"，将上述描写的两个双面景观（四个单面景观）组合排列，表达成文（诗）：

　　　　两个黄鹂鸣翠柳，一行白鹭上青天。
　　　　窗含西岭千秋雪，门泊东吴万里船。

这是一个"面外求面"的典型之作。既可以看做两个独立的双面景,也可以看做四个具有对称关系的单面景,合之为四面景。

演示六

相对而言,下图所画景象比此前所画的景象更复杂一些。其中,各部分之间的对称关系也不十分明显。但是,我们仍然可以用"面外求面"的方法作出成功而有效的描写。

描写的运作过程及结果如下:

A. 环视上下四周之六面,将画中所画的景象全部摄取,以作为多面景观的总面。然后,按照"左右"对称方式,将其中的内容划分为四面,依次为:田地、河岸、小河、对岸的学校。

B. 从其中的"小河"入手,按照其结构特征,从中摄取一个"大小"对称的双面景观,并描写如下,以作为向外扩展的基点:

　　小河里,连一块薄冰也没有了,河水慢慢地流着。几只鸭子跳进水里,快活地游来游去。

C. 以"小河"为出发点,按"左右"之对称方式向"岸上"扩展,再摄取描写一个"竖面与平面"对称的双面景观。描写如下:

　　河岸上,柳枝发芽了,柔嫩的枝条儿在微风中轻轻地摆动着。柳树的下面是一片荒草地,一只青蛙从草丛里钻出来,慢慢地向小河岸边爬去。

D. 以"河岸荒草"为出发点，按"左右"对称方式继续向左扩展后，摄取描写一个"大小"对称的双面景观：

　　河岸草地的不远处，就是一大片田地。地里的泥土解冻了，人踩上去，觉得软绵绵的，就像铺着一层厚厚的地毯。

E. 以"河岸"为出发点，按"左右"对称方式向"对岸"扩展，摄取描写一个"大小"对称的双面景观如下：

　　小河的对岸有一所小学校。校园里有一根旗杆，上面挂着一面鲜红的国旗，迎风飘扬。有两间教室的窗户朝小河的这边开着，里面传来了小学生们琅琅的读书声："春天来了，……"

F. 按照摄取顺序，将上述所描写的诸双面景观组合排列，表达成如下的文段：

　　小河里，连一块薄冰也没有了，河水慢慢地流着。几只鸭子跳进水里，快活地游来游去。

　　河岸上，柳树发芽了，柔嫩的枝条儿在微风中轻轻地摆动着。柳树的下面是一片荒草地，一只青蛙从草丛里钻出来，慢慢地向小河岸边爬去。

　　河岸草地的不远处，是一大片田地。地里的泥土解冻了，人踩上去软绵绵的，像铺着一层厚厚的地毯。

　　小河的对岸有一所小学校。校园里竖着一根旗杆，上面挂着一面鲜红的国旗，正迎风飘扬。有两间教室的窗户朝小河这边开着，里面传来了小学生们琅琅的读书声："春天来了，……"

这显然又是一个通过"面外求面"之法所描写的多面景观，由四个双面景观共同构成。但在描写过程中，作者首选的出发点不在两头，而在中间。这叫做中间突破，向两边分别扩展，其优点在于使各方的景观有一个中心，其间的联系更紧密，我们不妨借鉴。

无论是"面内求对称"，还是"面间求对称"，以至"面外求对称"，都不过是描写多面景观的三种基本摄取方法。正是这些方法的独立运用，造就了结构单一的不同多面景观。反过来说，无论所描写的多面景观是简单还是复杂，其间的特征有什么不同，都是以单面景观为要素且按对称方式构成的。从这个意义上说，单面景观的结构，再加上多样化的对称方式，便是描写多面景观的两件基本法宝。其实，作家和诗人们也正是运用这两件法宝描写多面景观的，这里不妨阅读透视，或许能从中汲取更丰富的营养。

阅读下面的诗文，识别区分每一段中所写的画面，并就其间的对称方式做出说明，看作家们是怎样摄取描写的。

① 白日依山尽，黄河入海流。
　　欲穷千里目，更上一层楼。
② 横看成岭侧成峰，远近高低各不同。
　　不识庐山真面目，只缘身在此山中。
③ 北国风光，千里冰封，万里雪飘。望长城内外，惟余茫茫；
　　大河上下，顿失滔滔。

2　用多种方法求对称，摄取多面景观

所谓"面内求面"、"面间求面"及"面外求面"，不过是用对称方法摄取多面景观的三种基本方法。其中，"面内求面"和"面外求面"两种方法是可以独立运用的，而"面间求面"的方法则不能独立运用。这是因为，如果没有"面内求面"或者"面外求面"所创造的对称面，所谓的"面间之面"也就不可能存在。从这个意义上说，前文所述的"面内求面"和"面外求面"是用对称方式摄取多面景观的单一方法，而"面间求面"则是用对称方式摄取多面景观的综合方法。因此，针对结构复杂多样的自然景象，当我们需要把多种方法结合起来，从中摄取多面景观时，首先应该考虑的是用哪一种方法开头或作主导，再将其他方法融入其中。如此，在多面景观的摄取过程中，就生成了多种方法相融合的两大体系：一是以"面内求面"为开头或主导，将其他方法融入其中；二是以"面外求面"为开头或主导，将其他方法融入其中。究竟需要采用哪一种方法体系，可以所针对的自然景象之结构特征而定。

2.1　以"面内求面"为开头的多种方法融合的体系　有时，根据复杂自然景象的结构特征，需要采用这种方法体系，从中摄取多面景观。但这样的体系内又有差别，可通过例示说明。

演示七

对于右面图中的情景，可以用多种方法求对称，从中摄取多面景观，加以描写。

摄取运作的程序可图示如下：

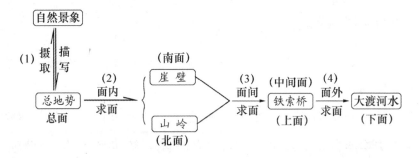

据此描写所得的文段如下：

　　我来到江边一看，这里的地势十分险要。南岸是悬崖峭壁，北岸是崇山峻岭，中间只有一道铁索桥可以通过。据说，当年红军长征路过这里时，上面的木板已经被敌人全部拆毁了，只剩下数十条巨大的铁链在空中晃动，但现在却铺得整整齐齐。铁索桥的下面就是大渡河，河面上水流湍急，掀起了一层层浪花……

演示八

对于下图中所展示的自然景象，可以用多种求对称的方法从中摄取多面景观加以描写。

其摄取的方法程序可图示如下：

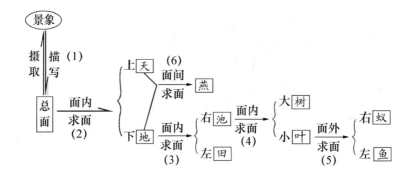

据此描写所得的文段是：

　　天，是那么高，那么蓝。蓝蓝的天空中飘着几朵白云。天底下是一眼望不到边的稻田。稻子熟了，黄澄澄的一大片，像铺满了一地的金子。稻田的旁面有一个池塘。池塘的岸边有一棵高大的梧桐树，宽大的叶子已经黄了。忽然，一阵秋风吹来，树上落下几片黄叶。有的落在岸边的草地上，蚂蚁爬上去，来回跑着，把它当做运动场；有的落在水里，小鱼游过去，藏在底下，把它当做伞。

　　天的那边还飞来了几只燕子。他们一边飞，一边唧唧地叫着，好像在说："伙伴们，秋天早就来了，冬天也就不远了。赶快收拾收拾，咱们一块儿到暖和的南方去吧！"

演示九

　　对于下图所展示的景象，亦可从中摄取多面景观。摄取的方法程序是多种求对称的取面方法，如下面图文所示：

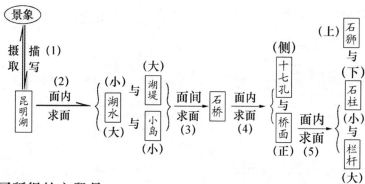

据此描写所得的文段是：

　　从万寿山下来，就是昆明湖。湖水平静得像一面镜子，绿得像一块碧玉。湖面上有各种各样的游艇，缓缓地划动着。湖的四周是长长的湖堤，上面长满了垂柳，柔嫩的枝条在微风中轻轻的摆动着。湖的中央有一个小岛，上面长满了浓密的树木和花草，绿荫丛中还露出了宫殿的一角，红墙黄瓦，十分美丽。

　　就在湖堤与小岛之间，还有一座长长的白石桥。桥下有十七个孔，故称做十七孔桥。桥面很宽，两边各有一排石栏杆。每边的栏杆有一百多根石柱。每一根石柱的顶端各雕刻着一个小小的石狮，它们千姿百态，形象各异。

2.2 以"面外求面"为开头的多种方法融合的体系　　有时，根据复杂自然景象的结构特征，需要用这一方法体系从中摄取多面景观。但这样的体系又呈现为多种结构，借助下面的演示予以具体说明。

演示十

对于上图所展示的景象亦可按多种方法求对称的程序运作,从中摄取多面景观,如下面的图文所示:

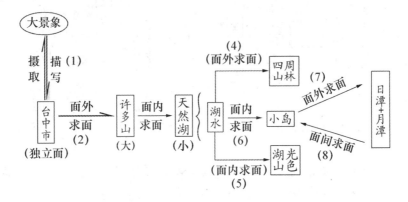

据此描写所得的文段是:

在我国台湾省的中部,有一个很大的城市,叫台中市。就在台中市的附近,有很多的山,重重叠叠,起伏连绵。山谷中有一个不大的天然湖。湖水很深,平静得像一面镜子,绿得像一块碧玉。就在湖四周的山坡上,生长着密密麻麻的树木。山林倒映在湖水中,湖光山色,十分美丽。湖的中央有一个小岛,把湖水分成了两半。一半圆圆的,像太阳,叫日潭;一半弯弯的,像月亮,叫月潭。两潭湖水相连,那中间的小岛就像玉盘里的一颗珍珠。

另外,像"横看成岭侧成峰,远近高低各不同,不识庐山真面目,只缘身在此山中",也是以"面外求面"为主导,把其他方法融入其中的典型之作。

综上所述,用对称方法"面内求面"、"面间求面"、"面外求面",这些摄取多面景观的基本方法是确定的,其共同构成的两大方法体系也大体是确定的,但将这些方法相互融合在一起的手段是不确定的。正是这些不确定的地方,为我们针对不同景象的摄取与描写提供了创造空间,那就是根据自象景象的不同结构特点,创造出不同的方法组合体系。然而,这种创造不仅可用于对多面景观的描写,还适用于对植物、动物及各种建筑物之结构与面貌的描写。这是因为,所谓植物、动物及建筑物的面貌结构,在本质上也是多面景观的结构。这体现了"多面景观"摄取描写方法体系在作文之"作"中的基础地位,同时证明了这种方法体系是具有广泛适应性的。

第四节 从稳定景到变化景

众多不同的静态物体互相依存，可构成静态链，但该链所呈现的景象仅为"画面"；众多不同的动态物体按"X+Y"的方式彼此关联，可构成动态链，但该链所呈现的景象只是"过程"。有时，如第三章第四节所述，这样的"画面"与"过程"虽可相融为整体，但所融方式只为互相包含或相互交替。由此呈现的整体还不是景观的变化，因而也不能叫做变化的景观。

所谓变化景观，并不是由物体要素直接构成的，而是由两个或两个以上的相对稳定景观（或为单面，或为双面，或为多面）共同构成的。其结构方式及变化原理，与电影拷贝的制作如出一辙，如下图所示：

显然，图中的 A、B、C、D 等，分别为内容不同且结构相异的稳定景观。这些稳定景观虽出自同一地域时段，却分别依次分布在该时间段的 T_1、T_2、T_3、T_4 等不同时间点上。所谓变化，其实是通过对上述稳定景观的组合排列呈现的。排列顺序是时间变化顺序，变化的具体方式为：先由"T_1"时点上的"A"面变化为"T_2"时点上的"B"面，再由"T_2"时点上的"B"面变化为"T_3"时点上的"C"面，又由"T_3"时点上的"C"面变化为"T_4"时点上的"D"面……这就是说，在学会了摄取描写稳定景观（单面景、双面景及多面景）的基础上，再摄取描写变化景观并不难，关键在于从自然景象的变化过程中，按时间顺序，在不同的时间点上，依次摄取出若干不同的典型稳定景观，然后分别描写，按序排列。

然而，凡景观之变都有其动因（外部动力与原因），而人的描写又是灵活的，那就是：有时，没必要考虑动因；有时，则必须考虑动因。若是前者，所被描写的变化景观可视为自变景观（自身变化）；若是后者，可视所被描写的变化景观为因变（随动因之变而变）景观。

1 自变景观的结构及摄取描写

由于自变景观不涉及变化的动因，其整体结构可按下面的范式加以表述：

$$自变景观 = T_1(A) + T_2(B) + T_3(C) + T_4(D) + \cdots\cdots$$

显然，范式中的 T_1、T_2、T_3、T_4 等，依次表示景观变化过程时段之内的若干不同时点；A、B、C、D 等，依次表示构成景观变化过程的若干不同稳定景观。如此，尽管自然景象的变化过程要比该范式表明的结构复杂得多，但反过来，我们又能凭借该范式实施对自然变化景象的观察与区分，从中选择摄取我们所需要的诸多稳定典型景观，即：$T_1(A)$、$T_2(B)$、$T_3(C)$、$T_4(D)$ 等。至于如何选择这样的典型景观，应在观察的基础上，按如下定理实施：

> Ⅰ. 变化景象中必然包含着一系列不同的相对稳定景观，只选取若干结构方式不同的典型稳定景观以作为变化景观描写的构成要素，或为单面，或为双面，或为多面。
>
> Ⅱ. 依据变化景象所在时节地域特征选取若干不同的典型稳定景观的内容要素，使这些典型稳定景观能共同反映出其所在的时节地域特征。
>
> Ⅲ. 依据变化景象的自然特征选取若干既个性鲜明又彼此关联的典型稳定景观的内容要素，使这些典型稳定景观共同表现出变化景象的特征。

如果说，前面的范式表明了自变景观的结构框架的话，上述定理则规定了自变景观的内容特征。如此，便可实施对自变景观的摄取描写了，但这样的描写还需按如下程序思考运作：

> A. 在对自变景象观察的基础上，凭借"范式"实施区分，将其中的典型稳定景观分别设定为：$T_1(A)$、$T_2(B)$、$T_3(C)$、$T_4(D)$ ……
>
> B. 按上述定理，依次对 A、B、C、D 等的稳定景观内容选择摄取，并分别描写。
>
> C. 按照自变景观范式，将所描写的诸典型稳定景观组合排列，表达成文。

演示一

已知，下图所画的是某景象变化的一段过程，其所在地域是海边，其所处的时间是从天亮之前到太阳出来以后。那么，能否按照"自变景观"的方法实施描写呢？

按"自变景观"摄取描写的程序运作，其过程及结果如下：

A. 在观察的基础上，凭借范式将其区分，并把构成它的若干典型稳定景观设定为：$T_1(A)$、$T_2(B)$、$T_3(C)$、$T_4(D)$。

B. 按定理，依次对 $T_1(A)$、$T_2(B)$、$T_3(C)$、$T_4(D)$ 之稳定景观的内容选择摄取，分别描写如下：

a. $T_1(A)$ 的摄取描写：

摄取单面景 描写为 → { 起初，海的远处是一片黑色的云雾，一团团，像隆起的山峦。 }

b. $T_2(B)$ 的摄取描写：

摄取双面景 描写为 → { 不久，东方的天空开始发白。海面上，云雾也没有那么黑了，且慢慢地散去。 }

c. $T_3(C)$ 的摄取描写：

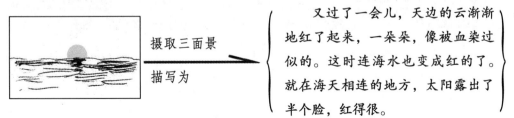

摄取三面景 描写为 → { 又过了一会儿，天边的云渐渐地红了起来，一朵朵，像被血染过似的。这时连海水也变成红的了。就在海天相连的地方，太阳露出了半个脸，红得很。 }

d. $T_4(D)$ 的摄取描写：

摄取三面景描写为 → { 转眼间，太阳像个大红球，从海面跳出来，一跃一跃地，升到了半空，射出了万道金光。这时，天边的云雾全不见了，海面上光波闪闪，照得人睁不开眼。 }

C. 按照自变景观描写范式，将上述描写的诸典型稳定景观组合排列，表达成文：

　　起初，海的远处是一片黑色的云雾，一团团，像隆起的山峦。不久，东方的天空开始发白。海面上，云雾也没有那么黑了，而且慢慢地散去。又过了一会儿，天边的云渐渐的红了起来，一朵朵，像被血染过似的。这时连海水也变成红的了。就在海天相连的地方，太阳露出了半个脸，红得很。转眼间，太阳像个大红球，从海面跳出来，一跃一跃地，升到了半空，射出了万道金光。这时，天边的云雾全不见了，海面上光波闪闪，照得人睁不开眼。

这一描写无疑是成功有效的，因为其中所包含的四个典型稳定景观，既符合定理的要求，又与自变景观的结构范式相一致。

也正是运用这一程序运作，有人在"月食"形成的当晚，就天空景象的变化作了具体细致的描写，只不过从中摄取的稳定景观更多、更小、更密集一些，如下文所表达的那样：

　　起初，月亮像一个大玉盘，就挂在深蓝色的天空中［$T_1(A)$］。不久，月亮就不再那么圆了［$T_2(B)$］。又过了一会儿，月亮就像被什么吃掉了一块似的，只剩下了多半边。大地也比先前暗了许多［$T_3(C)$］。接着月亮越变越小，大地也越来越暗。先是像小船［$T_4(D)$］，很快就像镰刀［$T_5(E)$］，忽而又像弯勾［$T_6(F)$］，随之像细丝［$T_7(G)$］［变化过程］。终于，月亮连一丝光也没有了，只剩下一片深黑色的天空［$T_8(H)$］。

2 因变景观的结构及摄取描写

因变景观也是以众多稳定景观为要素，按其间的变化顺序依次相连而构成的复杂景观。由于此变化景观涉及变化动因，就使得其构成要素（若干稳定景）及变化方式比自变景观的要素及变化方式复杂得多，需要分层作出说明。

2.1 因变景观之结构要素的构成特点及描写 因变景观的构成要素无疑是若干不同的稳定景观，但这种稳定景观一般都由 X 与 Y 两部分组成。其中，X 是自变部分，Y 是因变部分，两者的关系是：X 部分的景观物态特点引发决定了 Y 部分的景观物态特点；Y 部分的景观物态特点反过来又足够地反映出 X 部分景观物态的特点。就是说，X 与 Y 是完全对应的，就如同"老鼠刚一出洞"与"猫立刻扑上去"之间的关系一样，可用下面的范式表述，即：

$$X\begin{Bmatrix}自变景观\\ 之\\ 物体与态\end{Bmatrix} \underset{反映出}{\overset{引发决定}{\rightleftharpoons}} Y\begin{Bmatrix}因变景观\\ 之\\ 物体与态\end{Bmatrix}$$

其实，这样具有"X"与"Y"结构关系的稳定景观，因其处于特定的时间与地域，其描写内容（构成它的诸物态）的选择摄取一般应按如下定理实施：

> Ⅰ．根据景观所在的时令季节、地域及气候特征选择摄取其构成的物态，使所描写的景观足以反映出其所在的时令季节、地域及气候特征。
> Ⅱ．根据景观自身与众不同的特征选择摄取其构成的物态，使所描写的景观足以展现出它与众不同的特征。
> Ⅲ．根据 X 部分景观（物态）的内容特征选择摄取 Y 部分景观（物态）的内容，使 X 与 Y 之间具有完全对应关系。

也正是这种 X 引发或决定 Y 的特定关系，使得该景观的描写总是按照 X 在先而 Y 在后的顺序组合排列，由此便生成了如下范式：

因变景观要素 ＝T$_{(时)}$[X（景观物态）＋Y（景观物态）]

明确了因变景观要素（稳定景观）的结构特征，掌握了其选择摄取的定理及组合排列范式，就可以按照如下程序运作而实施具体的描写：

A. 运用"X+Y"范式观察自然景象中的稳定景观，将其区分设定为"X（景观物态）"和"Y（景观物态）"两个部分。

B. 按照"三定理"对其中的具体物态作出有效选择摄取与确认。

C. 将所确认的物态先用范式的"竖式"组合排列表达，再整理成一般平式文段。

演示二

已知，右图所画的虽然是一个比较复杂的自然景象，但仍是一个稳定景观。那么，该景观之中，是否具有"X+Y"的结构呢？如果有，如何将其描写成为一个含有因变景观要素的稳定景观呢？

按上述程序运作如下：

A. 运用"X+Y"式观察景象，可将其中之物态区分为 X 与 Y 两部分。其中，X 部分为"月"，处于上面；Y 部分为"银光"，处于下面。

B. 按"三定理"，对 X 与 Y 面诸物态实施选择摄取与确认。

C. 将所确认的 X 与 Y 的物态，用范式之竖式组合排列表达：

$$X \begin{Bmatrix} 中秋深夜，月儿圆圆的，就挂 \\ 在深蓝色的天空中。 \end{Bmatrix} \xrightarrow{(+)} Y \begin{Bmatrix} 银光落在湖面上，随着微风 \\ 泛起的波纹，闪闪发亮。 \end{Bmatrix}$$

再将其整理为一般文段：

　　中秋深夜，月儿圆圆的，就挂在深蓝色的天空中；银光落在湖面上，随着微风泛起的波纹，闪闪发亮。

其实，如同上述具有"X+Y"结构的稳定景观无处不在，无时不有，作家们也据此进行了大量描写，这里不妨再举例若干。

（一）

$$X \begin{cases} 早晨，白茫茫的 \\ 一大片雾。 \end{cases} \xrightarrow{(+)} Y \begin{cases} 远处的塔、小山，看不见了。近处的田野、\\ 树林，也模模糊糊，看不清楚。太阳像个 \\ 大红球，慢慢地升起来，发出了淡淡的光，\\ 一点儿也不耀眼。 \end{cases}$$

早晨，白茫茫的一大片雾。远处的塔、小山，看不见了。近处的田野、树林，也模模糊糊，看不清楚。太阳像个大红球，慢慢地升起来，发出了淡淡的光，一点儿也不耀眼。

（二）

$$X \begin{cases} 忽然，一阵大风吹来，\\ 刮得树枝乱摆。 \end{cases} \xrightarrow{(+)} Y \begin{cases} 树叶动起来了，蝉儿叫起来了。一 \\ 只蜘蛛从网上垂下来，逃走了。 \end{cases}$$

忽然，一阵大风吹来，刮得树枝乱摆。树叶动起来了，蝉儿叫起来了。一只蜘蛛从网上垂下来，逃走了。

（三）

$$X \begin{cases} 六月十五日那天，天热得 \\ 发了狂。太阳白亮亮的，\\ 从天空中直射下来，大地 \\ 像着了火。 \end{cases} \xrightarrow{(+)} Y \begin{cases} 柏油马路快要晒化了，踩上去一软 \\ 一软的。路边的小草也倒在地上，\\ 快干了。骡马的鼻孔张得特别大，\\ 狗趴在树下吐着红舌头，老母猪一 \\ 见水坑就直往里面钻。 \end{cases}$$

六月十五日那天，天热得发了狂。太阳白亮亮的，从天空中直射下来，大地像着了火。柏油马路快要晒化了，踩上去一软一软的。路边的小草也倒在地上，快干了。骡马的鼻孔张得特别大，狗趴在树下吐着红舌头，老母猪一见水坑就直往里面钻。

尽管演示二与上述例子中所写的都是具有"X+Y"结构的自然景象，表现为稳定景观，但都没有超越双面景、多面景的对称结构方式。其中，演示二为上下对称的双面景，其他的均为多面景。这就是说，无论是双面景，还是多面景，只要其中包含"X+Y"的结构方式，都可以成为因变景观的构成要素。

2.2 因变景观的结构方式及描写运作 既然因变景观是由诸多具有"X+Y"结构特征的稳定景观构成的,那么诸多具有"X+Y"结构特征的不同稳定景观又是以何种方式构成因变景观的呢?这一点,可通过下面变化景观的描写实例加以说明。

先阅读变化景观描写文段,再把这段文字的内容还原为"X+Y"之竖式:

> 响午时分,黑沉沉的乌云像一床巨大的棉被从天空中压下来,大地上一丝风也没有。园子里,树上的叶子一动也不动,蝉儿一声也不叫。有几个脱光了衣服的小伙子干脆躺在树下的草地上歇凉,还大口大口地出着粗气,谁也不愿意爬起来。忽然,一阵大风吹来,刮得树枝乱摆。树叶动起来了,蝉儿叫起来了。一只蜘蛛从枝叶间的网上垂下来,逃走了。就在这时,小伙子们翻起身,脱下衣服,向空中甩着,一边叫,一边向园子外跑。

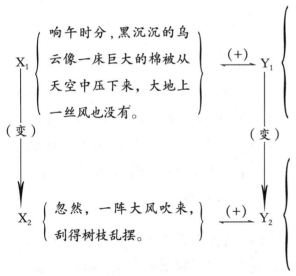

从上面的竖式中,我们所看到的正是这个变化景观的变化方式,即结构方式。也就是说,所谓景观的变化其实是按照这样的方式运行的,那就是:在构成变化的诸稳定景观之间,当 X_1 变为 X_2 时,Y_1 也变为 Y_2,即 Y 要随着 X 的变化而变化。据此,通过归纳,我们当然可以得到如下关于因变景观变化的一般结构模式:

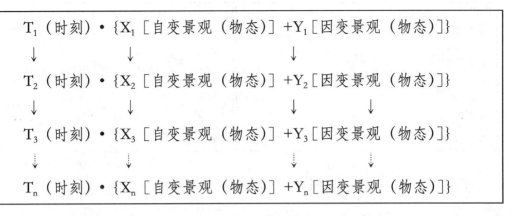

无疑,这样的变化结构模式也可以转换为变化景观描写的语言表达范式,即如下面所展现的那样:

因变景观 $=T_1(X_1+Y_1)+T_2(X_2+Y_2)+T_3(X_3+Y_3)+\cdots\cdots T_n(X_n+Y_n)$。

认识了因变景观之变的结构要素及结构方式,掌握了其变化的模式和语言表达范式,就可以实施对因变景观的具体观察与描写了。但这样的描写需按如下程序运作:

A. 观察自然变化景象,运用变化景观之结构模式将其区分为若干稳定景观,并对每一稳定景观中的"T(X+Y)"作出具体设定。
B. 运用"三定理",对每一稳定景观所在的"T"及"X+Y"的内容(物态)作出选择摄取,加工认定,按结构模式描写。
C. 用"范式"整理且表达成一般语言文段。

—— 演示三 ——

已知,下图所画的是发生在我国中南地区初冬早晨变化景象中的两个典型稳定景象。若将二者相连,可呈现出一个变化景观。那么,对于这样的变化景观,应怎样描写呢?

按前述"程序"思考运作，其过程及结果如下：

A. 在观察的基础上，运用变化景观的结构模式，将上述图中的变化景象作出如下区分设定：

$$T_1 \cdot \{X_1[自变景观之物态] + Y_1[因变景观之物态]\}$$
$$\downarrow \quad \downarrow \quad \quad \quad \downarrow$$
$$T_2 \cdot \{X_2[自变景观之物态] + Y_2[因变景观之物态)]\}$$

B. 运用"三定理"，对上述设定中的各项内容作出选择摄取，分别依次认定，并用结构模式描写如下：

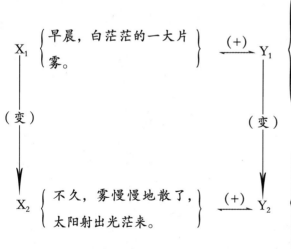

C. 将范式变换，表达成如下的一般语言段：

　　早晨，白茫茫的一大片雾。远处的小山、塔，看不见了。近处的田野、树林，也模模糊糊，看不清楚。太阳像个大红球，慢慢地升起来，发出了淡淡的光，一点儿也不耀眼。

不久，雾慢慢地散了，太阳射出光芒来。远处的小山、塔，又看得见了。近处的田野、树林，也看得清了。柿子树上挂满了红柿子，像一个个红灯笼。地里的庄稼已经收完，人们正忙着收白菜。

综上所述，尽管自然界的变化景象千差万别，不同作者的描写风格也各自相异，但无一不是按照变化景"$X_\triangle + Y_\triangle$"的结构方法实施的。这里，所谓"$X_\triangle$"和"$Y_\triangle$"，既指 X 与 Y 的对应，也指 Y 随 X 而变的方式。也就是说，"$X_\triangle + Y_\triangle$"的含义正是任何一个变化景观的多层次结构原理，也是我们用以描写所有变化景观的一般方法。因此，只要我们理解了这一方法，掌握了其中的结构特点和运作程序，再加上自己的个性创造，就可以实施对任何变化景象的有效观察和描写。

其实，作家们也正是运用上述方法描写因变景观的，这就使得其所创造的文段中也必然凝结着上述方法。据此，只要运用上述方法实施阅读分析，便不难从作家测量的文段中透视出其所有的方法及思考运作过程。这一点，可通过对下段两段文字阅读得到验证。

（1）看该文描写的是否为一个变化景观；（2）如果是，该变化景观由哪几个相对稳定景观共同构成，其每一个稳定景观中的 X 与 Y 各由哪些具体物态充当，X 物态与 Y 物态又是怎样对应的；（3）就整个变化景观的描写而言，构成它的若干稳定景观又是按照怎样的变化依次关联的；（4）在回答上述每一问题的基础上，将文段的内容用变化景观的变化模式还原表达；（5）据此展开想象，阐述说明作家从观察到成文的思考运作过程。

（一）

中午过后不久，晴朗的天空渐渐地阴晦了。乌云黑沉沉的，从天空中压下来。树上的叶子一动也不动，蝉儿一声也不叫。屋子里热得像蒸笼，人们心里闷得慌，不得不跑到池边戏水。年轻人干脆跳进池子里，把半截身子浸泡在水中。

忽然一阵大风吹来，刮得树枝乱摆。树叶动起来了，蝉儿叫起来了。一只蜘蛛也从网上垂下来，逃走了。这时，池子边上的人们也渐渐地散去。浸泡在水中的年轻人也赶紧爬上岸，拔腿往回跑。

不一会儿，雨点便随着狂风从天空中打落下来。雨点落在地面上，击起了一层层尘土，尘土很快变成了泥浆；雨点落在树叶上，击起了一片哗哗哗的声响；雨点落在人们的背上，年轻人觉得舒服，老人们却感到冰凉。

　　风越刮越紧，雨越下越大。顷刻间，天地间白茫茫的一大片。这时，近处的山野、树林、村庄，都沉浸在水的世界里，什么也看不见。院子里很快积满了水，齐着院门向外流。大街小巷也很快变成了小河，水向低处流去，又向四周漫开，有几处人家的屋子已经被淹没。这时，人们再也顾不得在家里避雨，纷纷拿起铁锨，挖开村口的一堵土墙，把积水引向园子里，引向池塘里，引向一切低洼的地方。

　　不久，风停了，云散了，雨也渐渐地住了。太阳射出了万道光芒，天空中出现了一道彩虹，远处的青山、树林也显露出来了。空气格外清新，大地处处散发出凉爽。村子里的积水也渐渐地低下去了。人们来到园子里，只见树上的叶子，经过雨水的冲洗，在阳光的照射下，绿得发亮。蝉儿叫起来了，蜘蛛又坐在网上了。再看看池塘，已经装满了水，明晃晃的，像一面大镜子。

（二）

　　起初，天气晴朗，万里无云。飞机飞得又快又稳。乘客们兴致勃勃地透过云层，可以看到积雪的山峰重重叠叠，就好像大海中汹涌的波涛，十分壮观。飞着飞着，一股强烈的寒流突然袭来，机翼和螺旋桨上很快就结了冰，而且越来越厚，机身上也蒙了一层冰甲。飞机像冻僵了似的，沉甸甸的急剧下降，坐在机舱里的人们立刻慌了神。飞机已经失去了平衡，机翼掠过一座座山峰，眼看着就要撞上山尖了。这时，机长已经觉得情况十分严重，一边要求乘客沉着冷静，一边命令机师打开舱门，把行李一件一件地往下扔，还要求大家背好降落伞，等待跳伞的命令……

　　就在这时，减轻了重量的飞机一下子冲出寒流的包围。在阳光的照射下，机身上的冰甲开始融化，整块整块的冰往下掉。于是，飞机也迅速地升高，很快恢复了快速平稳的状态，乘客们一片欢呼声。